中国人文学术集刊辑要

Introduction to Chinese Academic Serial Books in Humanities

王文军　主编

商务印书馆
创于1897　The Commercial Press

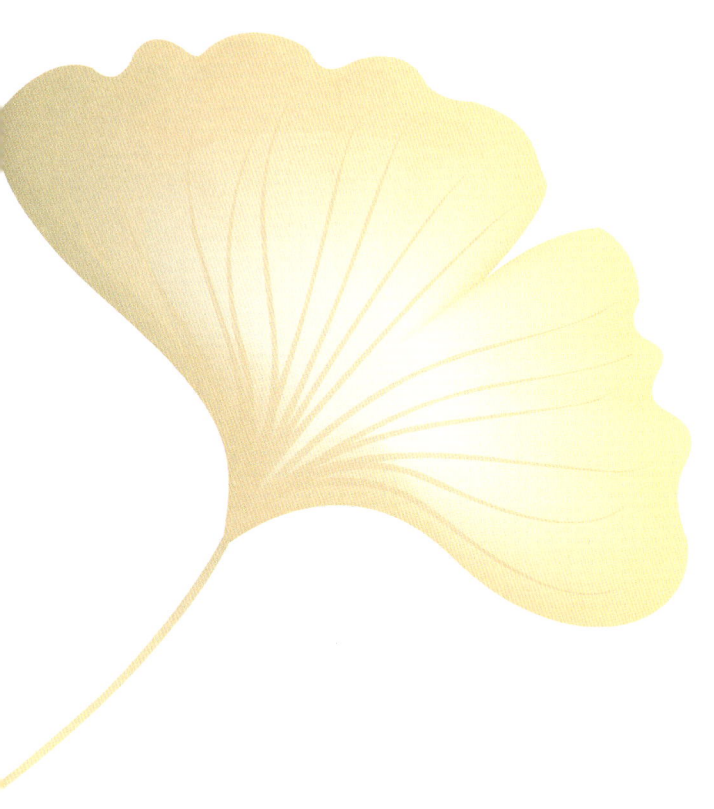

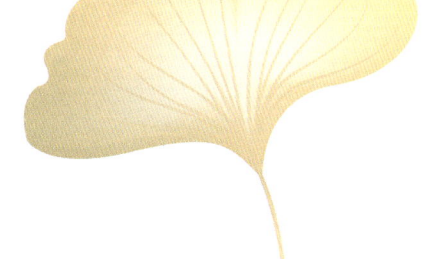

主　　　编　王文军

副 主 编　袁　翀

编写组成员　（按姓氏笔画排序）

马宇超　王松景　尹振宇　朱艺先

乔　懿　刘乔乔　刘学浩　李　娜

何居东　张津梁　胡　玥　袁　翀　童　垚

通信地址：江苏省南京市鼓楼区汉口路 22 号南京大学中国人文社会科学综合评价研究院

联系电话：025 - 83596880

联系邮箱：jikan@ nju. edu. cn

邮政编码：210093

编写说明

本书共分为两个部分,第一部分是各集刊的基本信息及简介,第二部分是刊名索引。现将各项具体内容说明如下:

一、编写宗旨

本书的编写旨在为学术界提供比较全面的学术集刊出版信息,也希望以此促进学术集刊出版的规范化,推动学术集刊质量和影响力的提升;也希望通过本书的出版,为人文社会科学成果的文献计量研究和国家出版管理政策的制定提供数据参考。

二、收录标准

本书收录2016年及以前创刊并持续出版的原创性学术性公开出版物,出版语言为中文,出版机构为中国大陆出版机构,收录集刊具有较为固定的出版时间,每辑具有独立的ISBN号。非中国大陆出版机构出版或未公开出版的连续性出版物以及会议论文集、二次文献类集刊,未按出版频率出版、累计出版数较少等出版物不在本书收录范围内。

三、刊名确定标准

以中国国家版本馆(国家版本数据中心)的最新数据为准,参考主办单位官网信息。

四、创刊时间确定标准

以集刊创刊号版权页为准,或追溯至前身的出版时间。

五、主办单位的确定标准

指学术集刊的主管（主办）单位，如在出版过程中发生更改，则以最新一辑出版物版权页或封面信息为准。

六、出版机构确定标准

指学术集刊的出版单位或机构，如在出版过程中发生更改，则以最新一辑出版物版权页或封面信息为准。

七、出版总数确定标准

指集刊自创刊年起至2021年12月的出版总数，以辑为单位，以中国国家版本馆（国家版本数据中心）信息为准，参考集刊官网或主办单位网站信息。

八、出版频率确定标准

一般以每年一辑、两辑、四辑或不定辑的出版，定义年刊、半年刊、季刊或不定期，以学术集刊的每年实际出版数量为准。

九、联系方式确定标准

指投稿地址、投稿邮箱等，以最新一辑刊登的相关信息为准，参考集刊官网或主办单位官网信息。无相关信息的则不做标注。

十、集刊排序方式

本书参考《学科分类与代码》（GB/T 13745—2009），结合学术集刊出版现状，增设"综合人文"类，共分为11个人文学科集刊类别，按照学科分类，以集刊名称音序排列。

序

所谓"学术集刊",是介乎期刊和图书之间的学术出版形态,指具有相对稳定统一的题名题材、具有正式书号并计划无限期出版、以年刊或半年刊等周期定期(或不定期)出版的连续性公开出版物。学术集刊具有学术性、原创性、专题性、连续性的特点,具有年、卷、辑等标识序号并以分册形式出版,反映当前我国哲学社会科学各学科各领域最新研究成果。

我国学术集刊的发展历史,可以追溯到20世纪50年代北京大学创办的《语言学论丛》。20世纪90年代,繁荣发展的哲学社会科学研究为学术集刊的发展拓展了广阔的学术基础,一些学术研究机构或学术团体在一批具有较高学术素养的学者推动下聚焦专门的研究领域,集聚同人学术优势陆续创办了一批具有影响力的学术集刊,产生的学术辐射力和带动效应,对发表创新成果、拓展学术影响、扩大学术传播起到了积极作用,引起了我国学术界、出版界的关注。据不完全统计,新中国成立以来出版的人文社会科学各学科学术集刊达千余种,目前每年出版的学术集刊近千种,涉及人文社会科学各学科,每年出版的论文篇数达万余篇,尤其为冷门绝学、交叉学科、区域国别研究以及新兴领域的研究成果公开发表提供了重要的传播平台。

经过20多年的发展,学术集刊已经成为我国人文社会科学研究成果出版体系的重要组成部分,是学术图书和学术期刊的重要补充。因为能够阶段性地聚焦专业研究领域,迅速便捷地反映研究进展、展示研究成果,所以学术集刊被很多学术共同体作为研究成果的重要发表平台之一。同时,学术集刊因其专业性和对冷门绝学、综合研究及交叉学科的关注等特点,已经成为一些学术领域创新成果集聚的优秀出版平台。在繁荣发展新时代中国哲学社会科学、加快构建中国特色哲学社会科学的时代背景下,如何推动学术集刊建设水平不断提升,助力中国哲学社会科学学科体系、学术体系、话语体系建设,是学术共同体各方成员都需要认真思考的问题。

南京大学中国社会科学研究评价中心作为我国哲学社会科学学术发展轨迹的记录者，20年来始终与时俱进，密切追踪、展现学术发展新形势、新变化、新特征。2006年，在教育部社会科学司的指导下，中心开始启动"中文哲学社会科学学术集刊引文索引数据库"的建设工作。在充分调研和广泛征求意见的基础上，中心将学术规范、同行评价、学术影响作为学术集刊遴选的重要指标，初步形成了适合学术集刊特点的评价指标体系，并连续推出了八版"中文社会科学引文索引"（CSSCI）的学术集刊收录目录，有力促进了我国学术集刊的规范化发展。

为全方位梳理我国人文学术集刊的发展现状和出版信息，向研究人员推介学术集刊，助力学术集刊建设，合力提升集刊的学术影响力，同时进一步厘清学术集刊的出版现状、学科分布、学术支撑、作者队伍、结构布局，为学术集刊的出版管理、质量提升和成果评价提供基础数据支撑，我们编写了这部《中国人文学术集刊辑要》，系统收录了人文学科中2016年以前创刊并持续出版的11个学科领域203种学术集刊的编辑出版信息、主办单位信息、期刊简介等多方面资料。书后另附音序索引，同时注明集刊名称和学科分类，方便读者检索。

在编写过程中，有关单位和专家学者给予了大力支持，各集刊编辑部和出版机构也对数据收集工作给予了无私的帮助，在此表示衷心感谢！因视野所限，涉及的集刊种类繁多、资料庞杂，出版时间跨度较大，错漏势在不免，敬祈读者谅解并多加批评指正。

本书编写组
2022年10月

目 录

马克思主义研究

当代国外马克思主义评论 / 3
国外马克思主义研究报告 / 5
红色文化资源研究 / 7
马克思主义学刊 / 9
马克思主义中国化 / 11
马克思主义宗教观研究 / 13
毛泽东研究报告 / 15
社会批判理论纪事 / 17

哲 学

当代儒学 / 21
德国哲学 / 23
国际儒学论丛 / 25
经典与解释 / 27
老子学刊 / 29
马克思主义美学研究 / 31
马克思主义哲学论丛 / 33
马克思主义哲学研究 / 35
清华西方哲学研究 / 37
外国美学 / 39
外国哲学 / 41
哲学门 / 43
哲学评论 / 45
中国经学 / 47
中国美学研究 / 49
中国现象学与哲学评论 / 51
朱子学研究 / 53
诸子学刊 / 55

宗教学

基督教文化学刊 / 59
基督教学术 / 61
基督宗教研究 / 63
普陀学刊 / 65
中国佛学 / 67
宗教与美国社会 / 69

考古学

碑林论丛 / 73
北京文博文丛 / 75
边疆考古研究 / 77
敦煌吐鲁番研究 / 79
海岱考古 / 81
简帛 / 83
简帛研究 / 85
考古学集刊 / 87
石窟寺研究 / 89

历史学

北京大学中国古文献研究中心集刊 / 93
城市史研究 / 95
传统中国研究集刊 / 97
古典学评论 / 99
海洋史研究 / 101
暨南史学 / 103
甲骨文与殷商史 / 105
江南社会历史评论 / 107
近代史学刊 / 109
近代中国 / 111
近现代国际关系史研究 / 113
经学文献研究集刊 / 115
民国研究 / 117

目 录

  秦汉研究 / 119
  清史论丛 / 121
  史学理论与史学史学刊 / 123
  宋史研究论丛 / 125
  隋唐辽宋金元史论丛 / 127
  唐史论丛 / 129
  唐研究 / 131
  魏晋南北朝隋唐史资料 / 133
  西域文史 / 135
  新史学 / 137
  新史学 / 139
  形象史学 / 141
  医疗社会史研究 / 143
  中国经济史评论 / 145
  中国社会历史评论 / 147

外国文学

  复旦外国语言文学论丛 / 151
  跨文化对话 / 153
  跨文化研究 / 155
  欧洲语言文化研究 / 157
  圣经文学研究 / 159
  外国语文研究 / 161
  文学理论前沿 / 163
  英美文学研究论丛 / 165
  中外文论 / 167

艺术学

  动漫研究 / 171
  美术史与观念史 / 173
  美学与艺术评论 / 175
  南大戏剧论丛 / 177
  曲学 / 179

上海视觉 / 181

戏曲研究 / 183

艺术史研究 / 185

艺术学界 / 187

中国美术研究 / 189

中华戏曲 / 191

中华艺术论丛 / 193

语言学

第二语言学习研究 / 197

东方语言学 / 199

对外汉语研究 / 201

翻译界 / 203

汉藏语学报 / 205

汉日语言对比研究论丛 / 207

汉语史学报 / 209

汉语史研究集刊 / 211

话语研究论丛 / 213

跨语言文化研究 / 215

历史语言学研究 / 217

励耘语言学刊 / 219

民俗典籍文字研究 / 221

南开语言学刊 / 223

文献语言学 / 225

西域历史语言研究集刊 / 227

亚太跨学科翻译研究 / 229

英语研究 / 231

语言规划学研究 / 233

语言历史论丛 / 235

语言学论丛 / 237

语言学研究 / 239

语言研究集刊 / 241

韵律语法研究 / 243

中国 ESP 研究 / 245

目 录

中国外语研究 / 247
中国文字研究 / 249
中国语言战略 / 251

中国文学

阿来研究 / 255
词学 / 257
长安学术 / 259
古代文学理论研究 / 261
古典文献研究 / 263
国际中国文学研究丛刊 / 265
华文文学评论 / 267
华中学术 / 269
乐府学 / 271
励耘学刊 / 273
明清文学与文献 / 275
区域文化与文学研究集刊 / 277
厦大中文学报 / 279
诗探索 / 281
唐代文学研究 / 283
文化与诗学 / 285
文学研究 / 287
戏曲与俗文学研究 / 289
现代传记研究 / 291
现代中国文化与文学 / 293
新国学 / 295
新诗评论 / 297
新宋学 / 299
域外汉籍研究集刊 / 301
中国典籍与文化论丛 / 303
中国古代小说戏剧研究 / 305
中国诗歌研究 / 307
中国诗歌研究动态 / 309
中国诗学 / 311
中国诗学研究 / 313

中国文学研究 / 315
中国现代文学论丛 / 317
中国语言文学研究 / 319

民族学与文化学

北京民俗论丛 / 323
潮学集刊 / 325
出土文献综合研究集刊 / 327
非物质文化遗产研究集刊 / 329
非遗传承研究 / 331
海岱学刊 / 333
海南历史文化 / 335
华西边疆评论 / 337
黄河文明与可持续发展 / 339
徽学 / 341
节日研究 / 343
民族史研究 / 345
蜀学 / 347
西北民族论丛 / 349
西南边疆民族研究 / 351
西夏学 / 353
元史及民族与边疆研究集刊 / 355
藏学学刊 / 357
中国边疆民族研究 / 359
中国边疆学 / 361
中国回族学 / 363
中国民族学 / 365
中国山地民族研究集刊 / 367
中国俗文化研究 / 369
中国西南文化研究 / 371

综合人文

城市文化评论 / 375
东方丛刊 / 377

都市文化研究 / 379
复旦汉学论丛 / 381
桂学研究 / 383
国际文化管理 / 385
国学论衡 / 387
国学研究 / 389
汉学研究 / 391
宏德学刊 / 393
华夏文化论坛 / 395
岭南学报 / 397
人文论丛 / 399
人文中国学报 / 401
三峡文化研究 / 403
思想与文化 / 405
文化发展论丛 / 407
文化研究 / 409
湘学研究 / 411
扬州文化研究论丛 / 413
原道 / 415
知识分子论丛 / 417
中国文化论衡 / 419
中国学术 / 421
中外文化与文论 / 423
中文论坛 / 425
中文学术前沿 / 427

刊名索引 / 429

马克思主义
研究
Marxist Theory

当代国外马克思主义评论

集刊名称：当代国外马克思主义评论

创刊时间：2000 年

创刊主编：俞吾金

现任主编：吴晓明（复旦大学）

当前主办单位：复旦大学当代国外马克思主义研究中心

当前出版机构：上海三联书店

出版总数：23 辑

出版周期：半年刊

投稿邮箱：marxismreview@ fudan. edu. cn

通信地址：上海市杨浦区邯郸路 220 号复旦大学当代国外马克思主义研究中心《当代国外马克思主义评论》编辑部

《当代国外马克思主义评论》简介

《当代国外马克思主义评论》以关注当代国外马克思主义研究的最新动态,加强国内外马克思主义研究的交流与合作,促进马克思主义研究的发展为宗旨,学术性和思想性并重,倡导从哲学、社会学、史学、政治学、经济学、法学、伦理学、宗教学、人类学、心理学、美学和文艺批评等专业的角度展开对当代国外马克思主义的研究。

《当代国外马克思主义评论》的常设栏目有:研究性论文、专题论文、论坛、书评、学术动态、笔谈、访谈等。

《当代国外马克思主义评论》已入选南京大学"中文社会科学引文索引"(CSSCI)来源集刊。

国外马克思主义研究报告

集刊名称：国外马克思主义研究报告

创刊时间：2007 年

创刊主编：俞吾金

现任主编：吴晓明（复旦大学）

当前主办单位：复旦大学国外马克思主义与国外思潮研究国家创新基地、复旦大学当代国外马克思主义研究中心、复旦大学哲学学院

当前出版机构：人民出版社

出版总数：13 辑

出版周期：年刊

通信地址：上海市杨浦区邯郸路 220 号复旦大学当代国外马克思主义研究中心《国外马克思主义研究报告》编辑部

《国外马克思主义研究报告》简介

《国外马克思主义研究报告》对国外马克思主义基础理论和前沿问题进行专题研究，选取上一年度在国外马克思主义研究领域产生重要影响的文章和著作的片段进行翻译介绍，附录部分体现上一年度国外马克思主义领域的学术会议情况和国外重要论文与著作的出版情况。

《国外马克思主义研究报告》的内容由两部分构成：第一部分是总报告和世界各主要国家与地区的分报告，主要对国外马克思主义的发展现状和最新发展趋势做概括性的介绍；第二部分是进一步的延伸介绍，由专题研究、学术访谈、书评和会议综述四个栏目构成。

红色文化资源研究

集刊名称：红色文化资源研究

创刊时间：2015 年

创刊主编：张泰城

现任主编：张泰城（井冈山大学）

当前主办单位：井冈山大学中国共产党革命精神与文化资源研究中心

当前出版机构：江西人民出版社

出版总数：11 辑

出版周期：半年刊

投稿邮箱：hswhzy1921@163.com

通信地址：江西省吉安市青原区学苑路 28 号井冈山大学《红色文化资源研究》编辑部

《红色文化资源研究》简介

《红色文化资源研究》旨在反映红色文化资源研究的最新成果，促进红色文化资源的研究。

《红色文化资源研究》的常设栏目有：红色文化资源本体研究、红色文化资源与治国理政研究、红色文化资源与文化软实力研究、红色文化资源与人才培养研究、红色文化资源与科学技术研究、红色文化资源与文学艺术研究、红色文化资源与文化产业研究、红色文化资源与红色文博研究、红色文化资源与红色旅游研究等。

马克思主义学刊

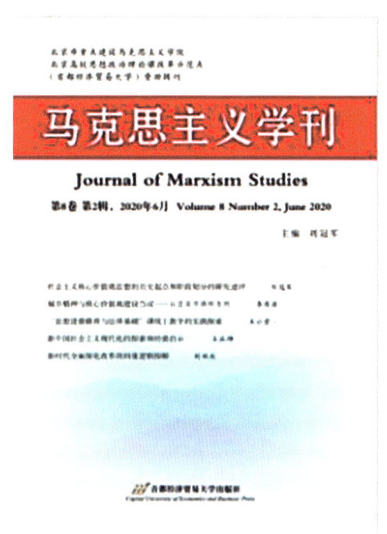

集刊名称：马克思主义学刊

创刊时间：2013 年

创刊主编：刘冠军

现任主编：周宇宏（首都经济贸易大学）

当前主办单位：首都经济贸易大学马克思主义学院

当前出版机构：首都经济贸易大学出版社

出版总数：32 辑

出版周期：季刊

投稿邮箱：xuekancueb@ sina. com

通信地址：北京市丰台区花乡张家路口 121 号首都经济贸易大学马克思主义学院 405 室

《马克思主义学刊》简介

《马克思主义学刊》坚持"两为"方向和"双百"方针,面向全国,旨在为"弘扬主旋律,传播正能量"的专家学者特别是学术新秀提供一个平台,推动马克思列宁主义、毛泽东思想和中国特色社会主义理论体系的深入研究,推动马克思主义中国化、时代化和大众化的进程。

《马克思主义学刊》的常设栏目有:马克思主义经典著作研究、马克思主义分类研究、马克思主义基础理论及其发展研究的有关专题、马克思主义与社会主义市场经济研究专题等。

马克思主义中国化

集刊名称：马克思主义中国化

创刊时间：2012年

创刊主编：谭维克

现任主编：唐立军（北京市社会科学院）

当前主办单位：北京马克思主义理论研究与传播基地

当前出版机构：社会科学文献出版社

出版总数：12辑

出版周期：半年刊

投稿邮箱：mkszyzgh123@163.com

通信地址：北京市朝阳区北四环中路33号北京市社会科学院科学社会主义研究所《马克思主义中国化》编辑部

《马克思主义中国化》简介

《马克思主义中国化》旨在运用马克思主义最新研究成果，推进马克思主义中国化、时代化、大众化，建设社会主义核心价值体系，服务首善之区建设。集刊聚焦马克思主义中国化的理论与新时期马克思主义传播规律、途径和方法，内容涵盖中国特色社会主义理论、党的建设研究、社会主义核心价值观、意识形态建设研究等。

《马克思主义中国化》的常设栏目有：中国特色社会主义、中国道路、社会变迁与价值观建设、党史党建、首都视野、海外观察、探索与争鸣等。

马克思主义宗教观研究

集刊名称：马克思主义宗教观研究

创刊时间：2011 年

创刊主编：卓新平

现任主编：卓新平（中国社会科学院）

当前主办单位：中国社会科学院世界宗教研究所

当前出版机构：中国社会科学出版社

出版总数：6 辑

出版周期：年刊

通信地址：北京市东城区建国门内大街 5 号中国社会科学院世界宗教研究所《马克思主义宗教观研究》编辑部

《马克思主义宗教观研究》简介

《马克思主义宗教观研究》主要围绕马克思主义宗教观中国化这一主题进行多角度的深入探讨，分别从基本理论、经典解读、中国化进程及本学科研究综述等方面，追根溯源，既有高度的理论思辨和精湛的史实考证，又密切联系实际，汇集年度马克思主义宗教观研究的优秀成果，集中反映年度马克思主义宗教观研究的理论热点和难点，部分文章讨论的角度和深度反映了该论题的最新成果和现有水平，具有较高的学术价值和现实意义。

《马克思主义宗教观研究》的常设栏目有：理论探究、热点话题、鉴往开来、时政论述、经典研究、思想脚步等。

毛泽东研究报告

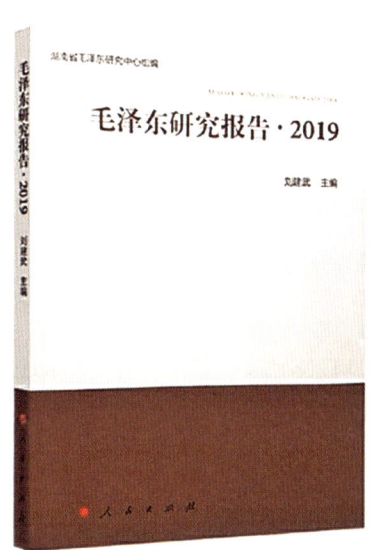

集刊名称：毛泽东研究报告

创刊时间：2010 年

创刊主编：刘建武

现任主编：刘建武（湖南科技大学）

当前主办单位：湖南省社会科学院湖南省毛泽东研究中心

当前出版机构：人民出版社

出版总数：10 辑

出版周期：年刊

通信地址：湖南省长沙市开福区德雅村湖南省毛泽东研究中心《毛泽东研究报告》编辑部

《毛泽东研究报告》简介

　　《毛泽东研究报告》是湖南省社会科学院湖南省毛泽东研究中心主办的学术刊物，旨在对学界年度毛泽东研究成果进行全面、准确、深入的总结和评述，主要包括以下几个部分：对毛泽东研究热点问题进行提炼、分析；对毛泽东生平事迹研究成果进行分类概述；对毛泽东哲学思想、政治思想、军事国防思想、经济思想、社会建设思想、文化教育思想、党建思想、诗词书法等的研究状况进行概述、分析；对毛泽东与马克思主义中国化、时代化、大众化研究成果进行概述；对毛泽东研究硕博论文进行综述；对海外毛泽东研究成果进行概述。

　　《毛泽东研究报告》的常设栏目有：毛泽东研究热点、毛泽东生平事迹研究、毛泽东思想研究、海外毛泽东研究、毛泽东与马克思主义中国化等。

马克思主义研究

社会批判理论纪事

集刊名称：社会批判理论纪事

创刊时间：2006 年

创刊主编：张一兵

现任主编：张一兵（南京大学）

当前主办单位：南京大学马克思主义社会理论研究中心

当前出版机构：江苏人民出版社

出版总数：13 辑

出版周期：半年刊

投稿邮箱：marxistnju@126.com

通信地址：江苏省南京市栖霞区仙林大道 163 号南京大学哲学系 4 楼《社会批判理论纪事》编辑部

《社会批判理论纪事》简介

《社会批判理论纪事》以马克思主义哲学为学科依托和方法论指导，以社会学、经济学、政治学、历史学等为学科支撑，批判地继承当代中国与近现代西方社会理论流派的理论成果，以构建具有中国特色的马克思主义社会理论体系为目的。《社会批判理论纪事》希望打造社会批判理论的学术重镇，为国内外学者提供一个高水平的交流平台。

《社会批判理论纪事》的常设栏目有：马克思主义经典文献研究、国外思想家专题研究、欧洲左翼思想研究、国际社会批判理论研究、日本马克思主义研究、文本与文献专题等。

哲学
Philosophy

当代儒学

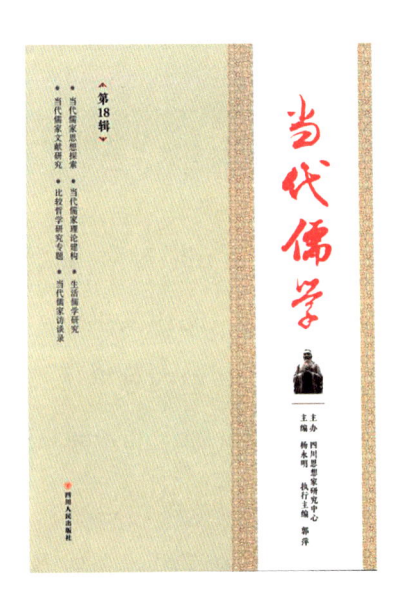

集刊名称：当代儒学

创刊时间：2011 年

创刊主编：陈炎、黄俊杰

现任主编：杨永明（宜宾学院）

当前主办单位：四川思想家研究中心

当前出版机构：四川人民出版社

出版总数：20 辑

出版周期：半年刊

投稿邮箱：dangdairuxue@163.com

《当代儒学》简介

　　《当代儒学》旨在通过对当代儒学的研究与评介，推动儒学复兴、中华文化复兴的伟大事业。因此，《当代儒学》的着眼之点，乃在于儒家的"活的思想"，意在推进当代儒学的思想原创、理论建构，推出当代儒学的重要学派、代表人物。

　　《当代儒学》的常设栏目有：当代儒家思想探索、当代儒家理论建构、当代儒家学派评介、当代儒家文献研究、当代儒学观察家、当代儒家访谈录、生活儒学研究、自由儒学研究等。

德国哲学

集刊名称：德国哲学

创刊时间：1986 年

创刊主编：张世英

现任主编：邓晓芒、舒红跃（湖北大学）

当前主办单位：湖北大学哲学学院、湖北省哲学史学会

当前出版机构：社会科学文献出版社

出版总数：40 辑

出版周期：半年刊

投稿邮箱：hddgzx@126.com

通信地址：湖北省武汉市武昌区友谊大道湖北大学哲学学院《德国哲学》编辑部

《德国哲学》简介

  《德国哲学》为国内外热爱德国哲学、热衷于外国哲学研究的学界同人提供一个深入研究德国哲学和外国哲学的理论平台,为国内外学者提供一个思想交流、观点碰撞的前沿阵地,对推进中国学术界关于德国哲学乃至整个外国哲学的研究做出了积极而卓有成效的贡献,在中国哲学界乃至外国哲学界都产生了广泛而重要的学术影响。

  《德国哲学》的栏目均围绕特定专题或思想家组织,如:康德哲学专题研究、现象学专题研究、黑格尔哲学专题研究、德国启蒙主义专题研究、西方马克思主义哲学专题研究等。

  《德国哲学》已入选南京大学"中文社会科学引文索引"(CSSCI)来源集刊。

国际儒学论丛

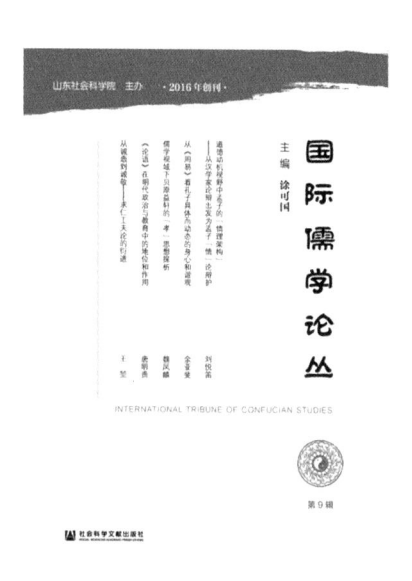

集刊名称：国际儒学论丛

创刊时间：2016 年

创刊主编：孙聚友

现任主编：涂可国（山东社会科学院）

当前主办单位：山东社会科学院国际儒学研究与交流中心

当前出版机构：社会科学文献出版社

出版总数：10 辑

出版周期：半年刊

投稿邮箱：gjrxlc@163.com；keguotu@126.com

通信地址：山东省济南市市中区舜耕路 56 号山东社会科学院国际儒学研究与交流中心《国际儒学论丛》编辑部

《国际儒学论丛》简介

《国际儒学论丛》关注国际儒学研究与发展的前沿问题，刊登未经正式发表过的相关学术论文，愿意为儒学研究与国际交流尽绵薄之力。本集刊的宗旨是"以文会友，以友辅仁"，对待学术争鸣的态度是"以仁心说，以学心听，以公心辨"。儒学产生于百家争鸣的时代，也将在国际化的百家争鸣中创新发展。无论文章持什么样的观点，只要"言之成理，持之有故"，《国际儒学论丛》都热烈欢迎。

《国际儒学论丛》的栏目均围绕特定专题组织，如：儒家思想、经学史、儒学发展、国际儒学、儒家伦理学、儒家经典诠释学、儒学动态等。

经典与解释

集刊名称：经典与解释

创刊时间：2003 年

创刊主编：刘小枫、陈少明

现任主编：娄林、彭磊（中国人民大学）

当前主办单位：中国人民大学古典文明研究中心

当前出版机构：华夏出版社

出版总数：57 辑

出版周期：2—4 期/年

通信地址：北京市海淀区中关村大街 59 号中国人民大学古典文明研究中心

《经典与解释》简介

《经典与解释》是古典学研究的专门学刊,主要针对中国和西方的经典文本进行深入的研究和阐释。每一期的主题以西方思想史上的主要思想、人物或者作品为主,选译经典的解释文献,深入理解西方的思想传统,同时发表对中国古典作品和思想的研究论文,在中西古典学研究方面同时用力,以期为人类文明的深入思考提供思想资源和动力。

《经典与解释》的常设栏目有:论题、古典作品研究、思想史发微、旧文新刊、评论等。

《经典与解释》已入选南京大学"中文社会科学引文索引"(CSSCI)来源集刊。

老子学刊

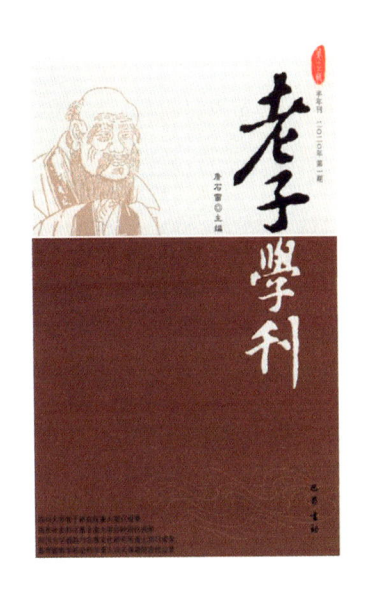

集刊名称：老子学刊

创刊时间：2010 年

创刊主编：詹石窗

现任主编：詹石窗（四川大学）

当前主办单位：四川大学老子研究院

当前出版机构：巴蜀书社

出版总数：18 辑

出版周期：半年刊

投稿邮箱：lzxk2009@126.com

通信地址：四川省成都市武侯区望江路 29 号四川大学道教与宗教文化研究所老子研究院《老子学刊》编辑部

《老子学刊》简介

  《老子学刊》坚持马列主义指导原则，以发掘道家道教思想和传统国学智慧为特色，以传承优秀文化、启迪创新思维、提高健康水平、服务现代生活为宗旨，注重学术性、科学性和知识性相统一，力求雅俗共赏。

  《老子学刊》的常设栏目有：特稿、老子专题研究、道藏专题研究、易学新论、道家道教研究、传统文化研究、探索争鸣、研究生论坛、学术动态等。

  《老子学刊》已入选南京大学"中文社会科学引文索引"（CSSCI）来源集刊。

马克思主义美学研究

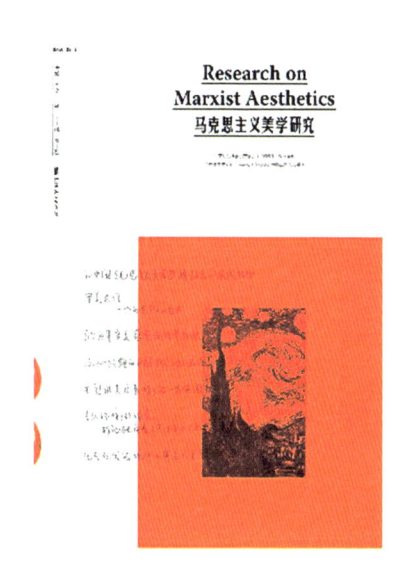

集刊名称：马克思主义美学研究

创刊时间：1997 年

创刊主编：刘纲纪

现任主编：王杰（浙江大学）

当前主办单位：浙江大学传媒与国际文化学院、浙江大学当代马克思主义美学研究中心、全国马列文艺论著研究会

当前出版机构：上海人民出版社

出版总数：38 辑

出版周期：半年刊

投稿邮箱：mamei5710@163.com

通信地址：浙江省杭州市西湖区余杭塘路 866 号浙江大学传媒与国际文化学院 510 室

《马克思主义美学研究》简介

《马克思主义美学研究》的宗旨是繁荣马克思主义美学研究，促进对马克思主义美学基本理论的建设性探讨，并密切关注当代现实，包括当代艺术实践和审美经验提出的各种重大问题的探讨，使理论与实践密切结合。《马克思主义美学研究》遵循"百花齐放、百家争鸣"的方针，尽可能充分地包容与反映各种不同观点、方法、流派的研究成果，通过相互对话，开拓马克思主义美学研究的新思路、新视角，推进马克思主义美学的发展。

《马克思主义美学研究》的常设栏目有：特稿、当代西方马克思主义美学研究、当代中国马克思主义美学研究、当代政治美学研究、审美人类学研究等。

《马克思主义美学研究》已入选南京大学"中文社会科学引文索引"（CSSCI）来源集刊。

马克思主义哲学论丛

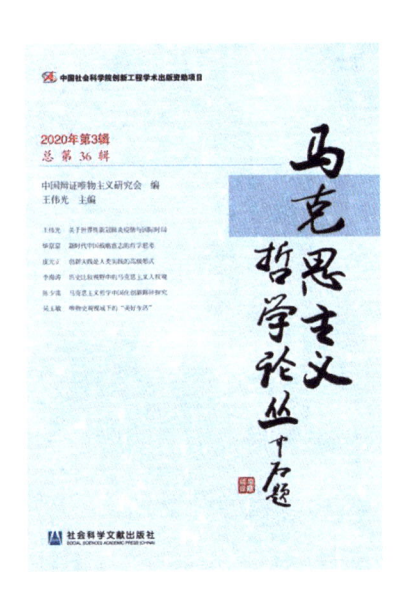

集刊名称：马克思主义哲学论丛

创刊时间：2010 年

创刊主编：中国辩证唯物主义研究会

现任主编：王伟光（中国社会科学院）

当前主办单位：中国辩证唯物主义研究会

当前出版机构：社会科学文献出版社

出版总数：37 辑

出版周期：季刊

投稿邮箱：mkszyzx2021@126.com

通信地址：北京市东城区建国门内大街 5 号中国社会科学院哲学研究所哲学原理室

《马克思主义哲学论丛》简介

  《马克思主义哲学论丛》力图为中国马克思主义哲学的发展打造一个视野开阔、思想丰满的理论平台，倡导对马克思主义进行多面向、多维度的深入研究，以解读和阐释马克思主义的原典为基础，提倡着眼于中国实践的问题研究与理论探究，实现马克思主义哲学中国化的理论创新。

  《马克思主义哲学论丛》的常设栏目有：马克思主义哲学基础理论研究、马克思主义哲学中国化时代化大众化研究、马克思主义价值论研究、国外马克思主义研究等。

马克思主义哲学研究

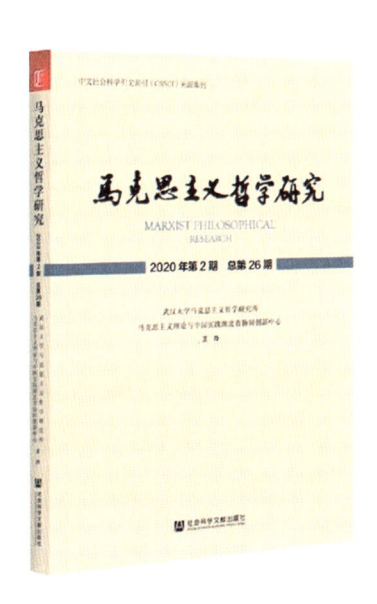

集刊名称：马克思主义哲学研究

创刊时间：2001 年

创刊主编：陶德麟

现任主编：汪信砚（武汉大学）

当前主办单位：武汉大学马克思主义哲学研究所、马克思主义理论与中国实践湖北省协同创新中心

当前出版机构：社会科学文献出版社

出版总数：28 辑

出版周期：半年刊

投稿邮箱：https：//mkzy.cbpt.cnki.net

通信地址：湖北省武汉市武昌区八一路 299 号武汉大学哲学学院《马克思主义哲学研究》编辑部

《马克思主义哲学研究》简介

《马克思主义哲学研究》旨在针对马克思主义哲学各个领域中具有时代性、前沿性的重要理论和现实问题展开具有独立学术见解的深入研究,刊载论文、译文、前沿评论等。

《马克思主义哲学研究》的常设栏目有:马克思主义哲学经典文本研究、马克思主义哲学基础理论研究、马克思主义哲学中国化研究、西方马克思主义哲学研究、马克思主义哲学与现时代等。

《马克思主义哲学研究》已入选南京大学"中文社会科学引文索引"(CSSCI)来源集刊。

清华西方哲学研究

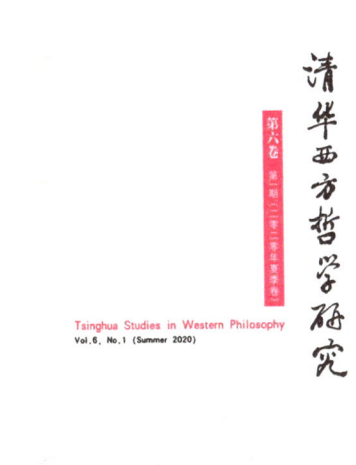

集刊名称：清华西方哲学研究

创刊时间：2015 年

创刊主编：黄裕生

现任主编：蒋运鹏（清华大学）

当前主办单位：清华大学哲学系

当前出版机构：中国社会科学出版社

出版总数：14 辑

出版周期：半年刊

投稿邮箱：tsinghuawp@sina.com

通信地址：北京市海淀区清华园 1 号清华大学蒙民伟人文楼 208 室

《清华西方哲学研究》简介

《清华西方哲学研究》秉承"清华哲学学派"的传统,倡导中西思想互证互参以会通中西思想而开创世界普遍之学,积极推动中国的西方哲学研究的专业化与国际化,推进中国学者和国际同行之间持久深入而富有成效的对话与交流。

《清华西方哲学研究》接受海内外学者在西方哲学各个学科领域内的历史性或系统性研究成果,或以中西哲学会通为主题的高质量专题学术论文、学术评论、学术综述和专业书评。

《清华西方哲学研究》已入选南京大学"中文社会科学引文索引"(CSSCI)来源集刊。

外国美学

集刊名称：外国美学

创刊时间：1985 年

创刊主编：汝信

现任主编：高建平（中国社会科学院）

当前主办单位：中华美学学会外国美学学术委员会、中国社会科学院文学研究所文学理论研究室、扬州大学文学院

当前出版机构：江苏凤凰教育出版社

出版总数：35 辑

出版周期：半年刊

投稿邮箱：waiguomeixue@hotmail.com

《外国美学》简介

《外国美学》坚持马克思主义指导、学风严谨、信息量大、覆盖面广的传统，努力做到古典美学和当代美学并重、中国学者的研究性论文与外国美学重要论文的翻译并重、专论与研究信息介绍并重、哲学美学与各门类艺术美学并重的原则，使集刊的学术质量有进一步的提高。

《外国美学》的征稿范围包括：国内学者首次发表的有关国外古代和现当代美学的研究论文、研究动态，国外学者首次发表的论文及经典性论文或重要论著选段的译作。

《外国美学》已入选南京大学"中文社会科学引文索引"（CSSCI）来源集刊。

外国哲学

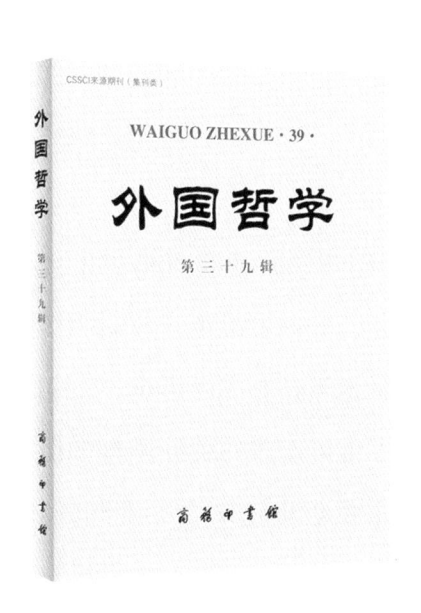

集刊名称：外国哲学

创刊时间：1984 年

创刊主编：《外国哲学》编委会

现任主编：韩水法（北京大学）

当前主办单位：北京大学外国哲学研究所

当前出版机构：商务印书馆

出版总数：41 辑

出版周期：半年刊

通信地址：北京市海淀区颐和园路 5 号北京大学外国哲学研究所《外国哲学》编辑部

《外国哲学》简介

《外国哲学》旨在以马克思主义的立场、观点、方法来研究哲学问题,开创了改革开放后中国研究外国哲学的新学风、新传统,在学术界具有广泛影响。《外国哲学》采取"双盲"审稿制度,除了继续发表有关外国哲学历史和经典的诊释性论文外,将特别注重发表史论结合、批判性评论、中外哲学比较等方面的佳作。

《外国哲学》的栏目均围绕特定专题组织,如:学术批评、希腊哲学研究、中世纪哲学研究、近代哲学研究、分析哲学专栏、现代哲学研究等。

《外国哲学》已入选南京大学"中文社会科学引文索引"(CSSCI)来源集刊。

哲学门

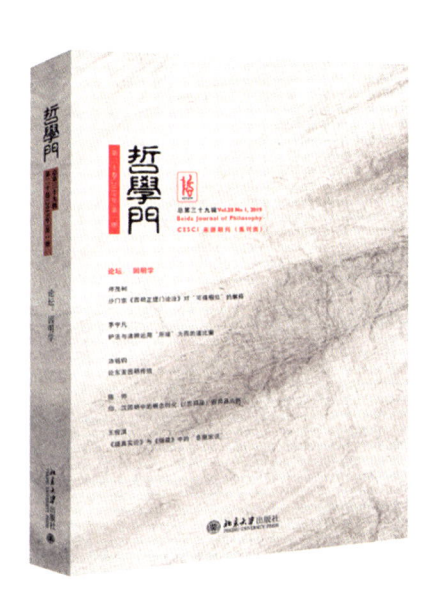

集刊名称：哲学门

创刊时间：2000 年

创刊主编：叶朗

现任主编：仰海峰（北京大学）

当前主办单位：北京大学哲学系

当前出版机构：北京大学出版社

出版总数：43 辑

出版周期：半年刊

投稿邮箱：pkuphilosophy@gmail.com

通信地址：北京市海淀区颐和园路 5 号北京大学哲学系《哲学门》编辑部

《哲学门》简介

《哲学门》倡导对哲学问题的原创性研究,注重对当代中国哲学的批评性评论。发表范围包括哲学的各个门类,如马克思主义哲学、中国哲学、西方哲学、宗教哲学、美学、伦理学、科学哲学、逻辑学等领域,追求学科之间的交叉整合,还原论文写作务求创见的本意。

《哲学门》下设三个主要栏目:1. 论文;2. 评论,主要就某一思潮、某一哲学问题或观点、某类著作展开深入的批评与探讨;3. 书评,主要介绍某部重要的哲学著作,并有相当分量的扼要评价。

《哲学门》已入选南京大学"中文社会科学引文索引"(CSSCI)来源集刊。

哲学评论

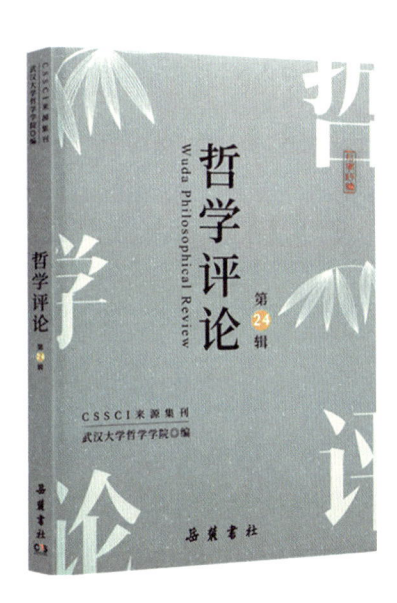

集刊名称：哲学评论

创刊时间：2001 年

创刊主编：郭齐勇

现任主编：李佃来（武汉大学）

当前主办单位：武汉大学哲学学院

当前出版机构：岳麓书社

出版总数：28 辑

出版周期：半年刊

投稿邮箱：wudapr@whu.edu.cn

通信地址：湖北省武汉市武昌区八一路 299 号武汉大学哲学学院《哲学评论》编辑部

《哲学评论》简介

《哲学评论》倡导对哲学问题和哲学史问题的原创性与文献性研究，尤其关注对当代哲学问题和中国语境下比较哲学问题的深入阐发性论文，范围涵盖包括中国哲学、西方哲学、马克思主义哲学、宗教哲学、美学、伦理学、科学哲学、逻辑学等在内的哲学学科。《哲学评论》强调文章的前沿性、深度性与研究思路的精确性。

《哲学评论》不定期围绕特定专题组织研究，内容包括重要思想人物述评、特定时期哲学思潮评论、特定主题范畴研究等，并设有前沿追踪与重要书评等栏目。

《哲学评论》已入选南京大学"中文社会科学引文索引"（CSSCI）来源集刊。

中国经学

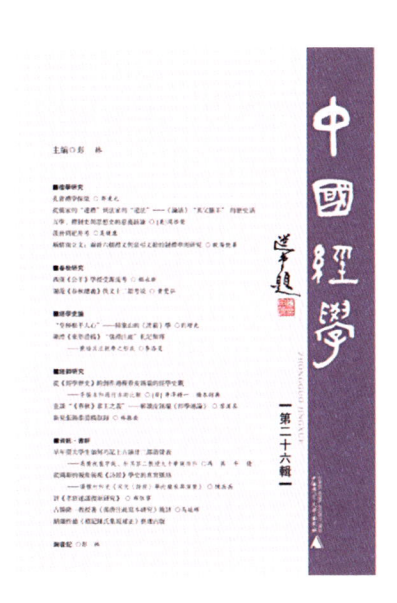

集刊名称：中国经学

创刊时间：2005 年

创刊主编：彭林

现任主编：彭林（清华大学）

当前主办单位：清华大学中国经学研究院

当前出版机构：广西师范大学出版社

出版总数：29 辑

出版周期：半年刊

投稿邮箱：penglin@mail.tsinghua.edu.cn

通信地址：北京市海淀区清华园 1 号清华大学中国经学研究院

《中国经学》简介

  《中国经学》以追求学术的高品位为己任，以体现经学研究的传统和新方向为特色，崇尚实学，绝去浮言，旨在推动海内外的经学研究。刊物作者多为经学研究、古文字研究、文献研究、历史研究、哲学研究等领域的知名专家学者，也有若干优秀的青年学子在本刊发表论文。

  《中国经学》的常设栏目有：经学论文、经学名家、学术资讯、书评、青年论坛等。

  《中国经学》已入选南京大学"中文社会科学引文索引"（CSSCI）来源集刊。

中国美学研究

集刊名称：中国美学研究

创刊时间：2006 年

创刊主编：朱志荣

现任主编：朱志荣（华东师范大学）

当前主办单位：华东师范大学中国语言文学系、华东师范大学美学与艺术理论研究中心

当前出版机构：商务印书馆

出版总数：18 辑

出版周期：半年刊

投稿邮箱：zgmxyj@163.com

《中国美学研究》简介

　　《中国美学研究》学术内容丰富，以研究中国古代美学为主，兼及心理美学、西方美学及人生等各大研究领域作品的著译。既有宏观体系的整体建构，又有对微观个案的具体分析，既强调美学研究的理论性，又重视其人文性。

　　《中国美学研究》的常设栏目有：中国美学、西方美学、审美意识、审美心理、艺术美学、实践美学、美学译文、书评等。

　　《中国美学研究》已入选南京大学"中文社会科学引文索引"（CSSCI）来源集刊。

中国现象学与哲学评论

集刊名称：中国现象学与哲学评论

创刊时间：1994 年

创刊主编：倪梁康

现任主编：中山大学现象学文献与研究中心

当前主办单位：中国现象学专业委员会

当前出版机构：上海译文出版社

出版总数：29 辑

出版周期：半年刊

投稿邮箱：phenomenology1994@163.com

《中国现象学与哲学评论》简介

《中国现象学与哲学评论》致力于从理论与实践两方面来促进中文领域现象学的研究，同时推动中文现象学界与国际现象学界的合作与交流。《中国现象学与哲学评论》不仅探讨最基本的现象学问题和研究方法，而且尝试现象学与其他学科之间的跨领域以及现象学与其他哲学文化之间的跨文化对话与研究。

《中国现象学与哲学评论》每一辑都设有一个研究专题，另设有现象学与哲学研究，学士、硕士、博士论文精要，现象学评论，现象学随感等栏目。

《中国现象学与哲学评论》已入选南京大学"中文社会科学引文索引"（CSSCI）来源集刊。

朱子学研究

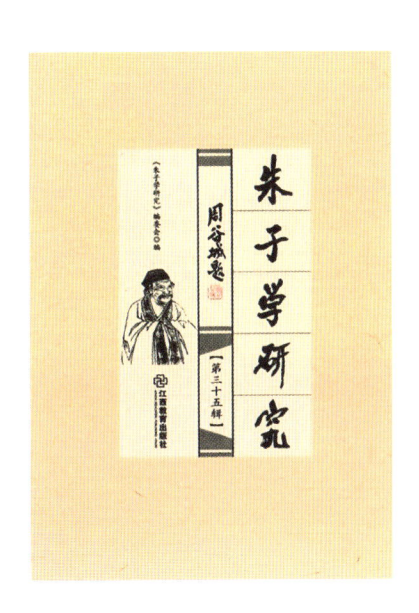

集刊名称：朱子学研究

创刊时间：1989 年

创刊主编：张玉奇、蒋布荣、姜广辉

现任主编：徐公喜（上饶师范学院）、郑任钊（中国社会科学院）

当前主办单位：中国社会科学院历史研究所、上饶师范学院朱子学研究所

当前出版机构：江西教育出版社

出版总数：37 辑

出版周期：半年刊

投稿邮箱：zzxyjs1984@sina.com

《朱子学研究》简介

《朱子学研究》旨在联络国内外的有关专家学者，开创朱子学研究以及中国传统文化研究的新局面，力求反映国内外这方面的最新研究成果，促进国际学术文化交流，以弘扬中国文化的优良传统。

《朱子学研究》刊发朱子学、宋明理学、儒学研究领域文稿，主要栏目包括：朱子理学研究、朱子后学研究、儒学研究、东亚朱子学比较研究、书评与综述等。

《朱子学研究》已入选南京大学"中文社会科学引文索引"（CSSCI）来源集刊。

诸子学刊

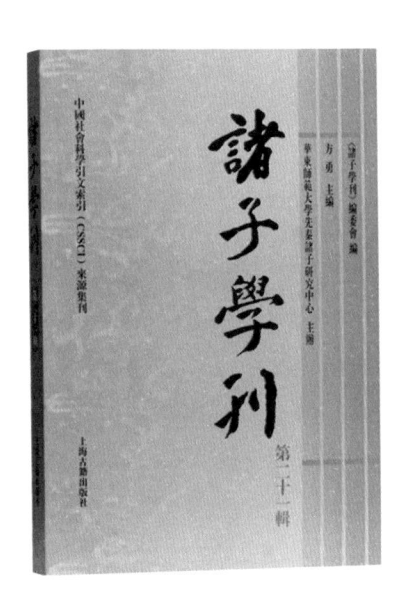

集刊名称：诸子学刊

创刊时间：2007 年

创刊主编：方勇

现任主编：方勇（华东师范大学）

当前主办单位：华东师范大学先秦诸子研究中心

当前出版机构：上海古籍出版社

出版总数：23 辑

出版周期：半年刊

投稿邮箱：zhuziyanjiu@126.com

通信地址：上海市闵行区东川路 500 号华东师范大学先秦诸子研究中心《诸子学刊》编辑部

《诸子学刊》简介

《诸子学刊》刊发海内外诸子学及"新子学"研究成果,力求以兼容并包之胸怀,横跨学科领域,汇辑时彦典论。《诸子学刊》旨在通过梳理诸子思想的学理脉络,深入挖掘诸子学的现代价值,全面推动世界诸子学研究新格局,并进一步拓展"新子学"研究范式。

《诸子学刊》欢迎一切关于诸子学研究的学术文章,包括研究子学之思想、文学、历史、版本、校勘、训诂、音韵者,也适量刊发有关诸子的书评,并特设"新子学论坛"栏目。

《诸子学刊》已入选南京大学"中文社会科学引文索引"(CSSCI)来源集刊。

宗教学
Religious Studies

基督教文化学刊

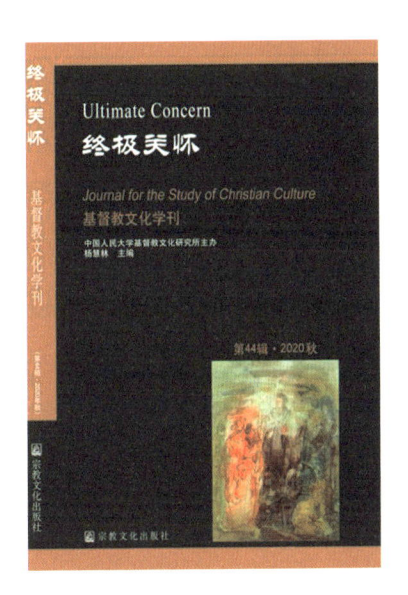

集刊名称：基督教文化学刊

创刊时间：1999 年

创刊主编：杨慧林

现任主编：杨慧林（中国人民大学）

当前主办单位：中国人民大学基督教文化研究所

当前出版机构：宗教文化出版社

出版总数：46 辑

出版周期：半年刊

投稿邮箱：jscc@ruc.edu.cn

投稿页面：http://jscc.ruc.edu.cn

通信地址：北京市海淀区中关村大街 59 号中国人民大学 7 号信箱

《基督教文化学刊》简介

　　《基督教文化学刊》从中国学人的角度讨论基督教文化，包含着对西方文化精神的追索，也启发出对中国文化内涵的透视。《基督教文化学刊》以基督教文化的理念为参照，却以中国人的生存经验为根据。

　　《基督教文化学刊》的常设栏目有：道无常名（理论与经典解读）、浑元之性（基督教思想家研究）、化通玄理（基督教与社会、伦理问题研究）、法浴水风（中国文化与基督教的对话）、镜观物色（基督教文化与文学研究）、法流十道（汉语基督教史料研究）、书殿翻经（书评及新书介绍）、和而不同（学术争鸣与回应）、馨集明宫（学术动态与研究综述）。

　　《基督教文化学刊》已入选南京大学"中文社会科学引文索引"（CSSCI）来源集刊。

基督教学术

集刊名称：基督教学术

创刊时间：2002 年

创刊主编：徐以骅、张庆熊

现任主编：张庆熊、徐以骅（复旦大学）

当前主办单位：复旦大学基督教研究中心、复旦大学美国研究中心

当前出版机构：上海三联书店

出版总数：24 辑

出版周期：半年刊

投稿邮箱：edwardyhxu@126.com

通信地址：上海市杨浦区邯郸路 220 号复旦大学国际关系与公共事务学院《基督教学术》编辑部

《基督教学术》简介

  《基督教学术》坚持马克思主义的宗教观，发扬高校学术批评传统，刊登以基督教研究为主的论文，反映基督教研究领域的国内外学术动态和研究成果，促进跨学科、跨专业、跨地区的学术研究。主要刊载关于中外基督宗教的哲学、神学、政治学、历史学、法学、社会学、新闻学、心理学等学科的研究论文、综述、译著、书评和调研报告。

  《基督教学术》的常设栏目有：基督教神学、基督教哲学、《圣经》研究、中国基督教史、跨宗教对话、基督教与中外交流、宗教学理论、学术综述和调研报告等。

  《基督教学术》已入选南京大学"中文社会科学引文索引"（CSSCI）来源集刊。

基督宗教研究

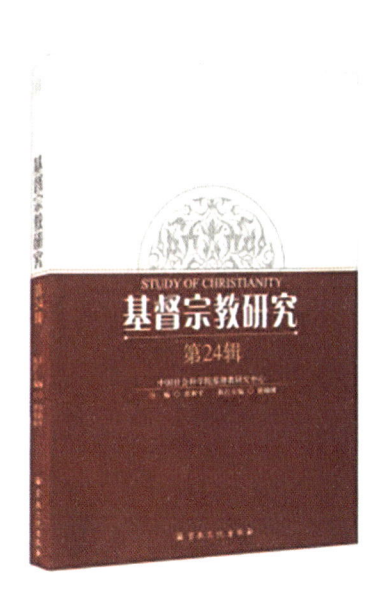

集刊名称：基督宗教研究

创刊时间：1999 年

创刊主编：卓新平、许志伟

现任主编：卓新平（中国社会科学院）

当前主办单位：中国社会科学院基督教研究中心

当前出版机构：宗教文化出版社

出版总数：29 辑

出版周期：半年刊

投稿邮箱：jdzjyj@cass.org.cn

通信地址：北京市东城区建国门内大街 5 号中国社会科学院世界宗教研究所《基督宗教研究》编辑部

《基督宗教研究》简介

  《基督宗教研究》与时俱进地捕捉时代跳动的脉搏,高度重视当下社会中基督教的处境及可能走向。在一个全球化的时代,基督宗教研究同样也是全球性探究,涉及当今世界所发生的许多事件和重大关注。基督宗教的在华历史之深,启迪我们要特别关注基督宗教的跨文化对话等外向性交流互渗、多文化传播学思考。

  《基督宗教研究》的常设栏目有:年度推荐、专题研究、焦点论坛、理论探讨、历史回溯、对比研究、现状调研等。

  《基督宗教研究》已入选南京大学"中文社会科学引文索引"(CSSCI)来源集刊。

普陀学刊

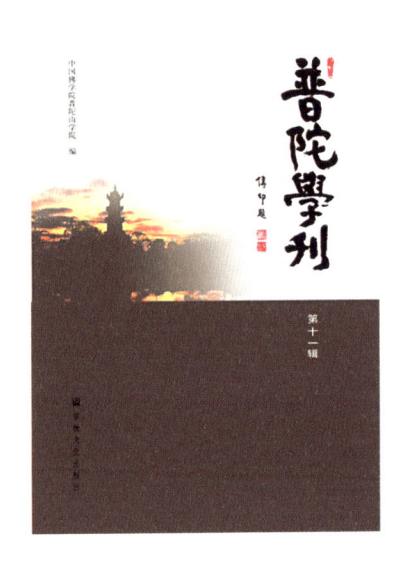

集刊名称：普陀学刊

创刊时间：2014 年

创刊主编：会闲

现任主编：会闲（中国佛学院普陀山学院）

当前主办单位：中国佛学院普陀山学院

当前出版机构：宗教文化出版社

出版总数：13 辑

出版周期：半年刊

投稿邮箱：785709344@qq.com

通信地址：浙江省舟山市普陀区朱家尖街道香莲路中国佛学院普陀山学院《普陀学刊》编辑部

《普陀学刊》简介

《普陀学刊》是由中国佛学院普陀山学院主办的综合性佛学研究学术刊物，以反映中国当代佛教研究前沿水平与最新成果，倡导学术精神，弘扬佛教文化，促进教内外佛教学术交流，推动深层次、高水平的佛学研究为宗旨。《普陀学刊》所收文章以佛学研究为主，兼容宗教及哲学研究，注重思想性、学术性、原创性、时代性，强调问题意识。

《普陀学刊》的常设栏目有：佛学专论（教理教仪研究、佛教艺术研究、佛教史研究等）、宗教比较研究、国内外相关学术动态、书评及其他等。

《普陀学刊》已入选南京大学"中文社会科学引文索引"（CSSCI）来源集刊。

中国佛学

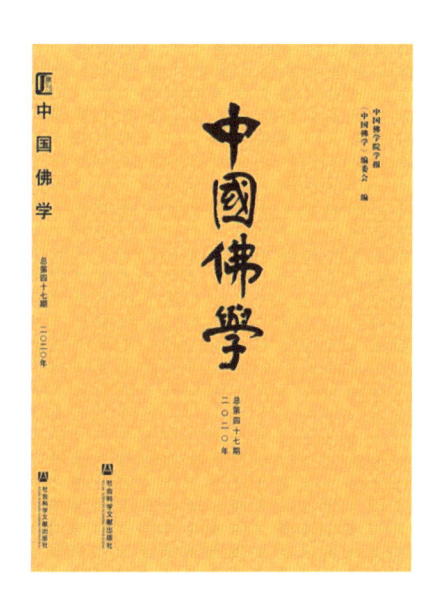

集刊名称：中国佛学

创刊时间：2010 年

创刊主编：《中国佛学》编委会

现任主编：《中国佛学》编委会

当前主办单位：中国佛学院

当前出版机构：社会科学文献出版社

出版总数：49 辑

出版周期：半年刊

投稿邮箱：zhongguofoxue@126.com

《中国佛学》简介

《中国佛学》是由中国佛学院主办的综合性佛学研究学术刊物，其宗旨以展现中国佛学院的研究成果为主，兼顾与佛教学术研究相关的专家学者最新研究成果，促进教内外学术交流。

《中国佛学》的刊登范围以汉传佛教教史、义理研究为主，同时也刊登南传佛教、藏传佛教以及与佛教文化相关的研究综述、动态等。

《中国佛学》已入选南京大学"中文社会科学引文索引"（CSSCI）来源集刊。

宗教与美国社会

集刊名称：宗教与美国社会

创刊时间：2004 年

创刊主编：徐以骅

现任主编：徐以骅（复旦大学）

当前主办单位：复旦大学美国研究中心、复旦大学宗教与中国国家安全研究中心

当前出版机构：时事出版社

出版总数：21 辑

出版周期：半年刊

投稿邮箱：edwardyhxu@126.com

通信地址：上海市杨浦区邯郸路 220 号复旦大学美国研究中心《宗教与美国社会》编辑部

《宗教与美国社会》简介

《宗教与美国社会》旨在促进国内学界对美国宗教以及其他相关议题的研究，主要刊载关于宗教和宗教团体在美国历史、文化、政治、经济、社会、教育、科技、新闻媒体、法律、娱乐、体育、族群、对外关系等领域的研究论文、综述、书评、译著和调研报告，以期构建一个美国宗教研究及宗教与国际关系领域相关研究成果的国内外学术交流平台。

《宗教与美国社会》的常设栏目有：宗教与国际关系、美国宗教、世界宗教史、宗教与社会、历史和学术综述、跨宗教对话、宗教学理论、书评、跨境民间信仰等。

《宗教与美国社会》已入选南京大学"中文社会科学引文索引"（CSSCI）来源集刊。

考古学
Archaeology

考古学

碑林论丛

集刊名称：碑林论丛

创刊时间：1993 年

创刊主编：高峡

现任主编：裴建平（西安碑林博物馆）

当前主办单位：西安碑林博物馆

当前出版机构：三秦出版社

出版总数：25 辑

出版周期：年刊

投稿邮箱：bljk2010@sina.com

通信地址：陕西省西安市碑林区三学街 15 号《碑林论丛》编辑部

《碑林论丛》简介

《碑林论丛》立足碑林，面向全国，以碑石墓志、石刻艺术类文物的研究为基本特色，同时开设古籍丛谈、文史天地、博物馆论坛等学术专栏。20余年来，得到了各方专家、学者及同人的广泛好评，各文博兄弟单位也给予了大力支持。

《碑林论丛》的常设栏目有：碑林研究、新出墓志、碑志考释、古籍丛谈、文史天地、读碑札记、石刻艺术、书艺漫笔、博物馆论坛等。此外，《碑林论丛》还设有玺印研究、文物保护、碑林学人等栏目。

北京文博文丛

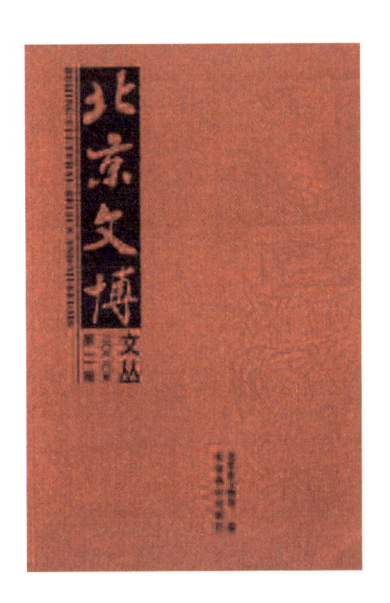

集刊名称：北京文博文丛

创刊时间：1995 年

创刊主编：张展

现任主编：祁庆国（北京市文物局）

当前主办单位：北京市文物局

当前出版机构：北京燕山出版社

出版总数：105 辑

出版周期：季刊

投稿邮箱：bjwb1995@126.com

通信地址：北京市东城区府学胡同 36 号《北京文博文丛》编辑部

《北京文博文丛》简介

　　《北京文博文丛》以北京文物、史地和博物馆研究为主。其中既包括对古遗址调查、文物保护科技的新研究成果，也有对北京文保单位历史的研究。另外，集刊还有对北京地区新考古成果的公布，以及博物馆展览经验、文创产品的探讨，有的文章披露了文博界重要文献的出版轶事。

　　《北京文博文丛》的常设栏目有：文物研究、北京史地、考古研究、博物馆研究、文献资料、特约专稿、文物保护等。

边疆考古研究

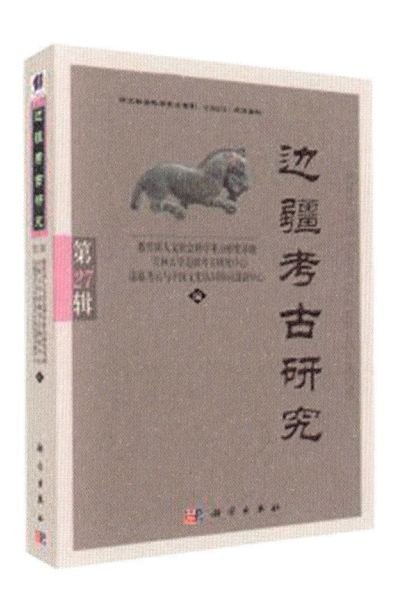

集刊名称：边疆考古研究

创刊时间：2002 年

创刊主编：朱泓

现任主编：朱泓（吉林大学）

当前主办单位：吉林大学边疆考古研究中心

当前出版机构：科学出版社

出版总数：30 辑

出版周期：半年刊

投稿邮箱：524544323@qq.com

通信地址：吉林省长春市朝阳区前进大街 2699 号吉林大学水务楼考古学院 1411 室边疆考古研究中心

《边疆考古研究》简介

《边疆考古研究》是由教育部人文社会科学重点研究基地吉林大学边疆考古研究中心、边疆考古与中国文化认同协同创新中心主办的学术刊物，主编为吉林大学边疆考古研究中心主任朱泓。《边疆考古研究》旨在及时刊发田野考古新材料，反映考古研究新成果，在侧重边疆考古的同时，也欢迎其他各个方面的考古发现与研究稿件。

《边疆考古研究》的常设栏目有：研究与探索、考古与科技、考古新发现、学术动态、考古学史、书刊评价等。

《边疆考古研究》已入选南京大学"中文社会科学引文索引"（CSSCI）来源集刊。

敦煌吐鲁番研究

集刊名称：敦煌吐鲁番研究

创刊时间：1996 年

创刊主编：季羡林、饶宗颐、周一良

现任主编：郝春文（首都师范大学）

当前主办单位：中国敦煌吐鲁番学会等

当前出版机构：上海古籍出版社

出版总数：20 卷

出版周期：年刊

投稿邮箱：Dunhuangturfan@163.com

通信地址：北京市海淀区西三环北路 83 号首都师范大学历史学院

《敦煌吐鲁番研究》简介

《敦煌吐鲁番研究》以刊登研究敦煌吐鲁番及相关地区出土文献的中文论文为主,也发表英文论文和书评。内容包括历史、地理、艺术、考古、语言、文学、哲学、宗教、政治、法律、经济、社会等各方面的学术问题。《敦煌吐鲁番研究》的特色是追求学风严谨、创新有据,倡导发表新史料、新书评和相关学术信息。

《敦煌吐鲁番研究》的常设栏目有:论文、书评、纪念文、书评论文等。

海岱考古

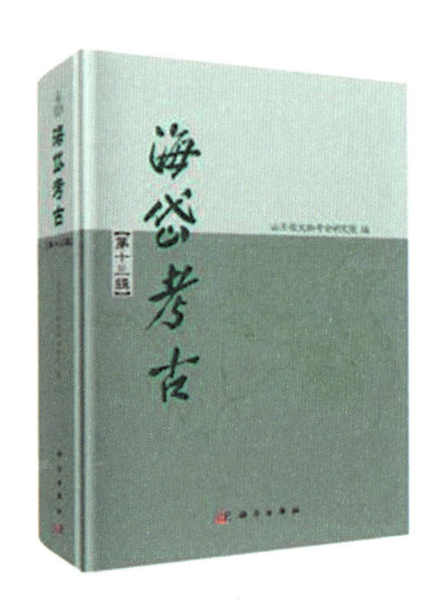

集刊名称：海岱考古

创刊时间：1989 年

创刊主编：张学海

现任主编：山东省文物考古研究院

当前主办单位：山东省文物考古研究院

当前出版机构：科学出版社

出版总数：14 辑

出版周期：年刊

通信地址：山东省济南市历下区上新街 51 号山东省文物考古研究院

《海岱考古》简介

《海岱考古》是关于海岱地区考古学文化研究的集资料性与学术性为一体的系列考古学文集，提倡不同学术观点的自由讨论，相互切磋，以推动海岱地区考古学研究与古史研究的深入发展。《海岱考古》适合从事人类学、考古学、历史学等方面的专家学者以及大专院校相关专业的师生参考、阅读。

《海岱考古》主要发表山东省文物调查和考古发掘的简报与报告，有重点地刊载该地区考古学研究的论文，为山东省考古学文化体系的完善增添新材料。

简帛

集刊名称：简帛

创刊时间：2006 年

创刊主编：陈伟

现任主编：陈伟（武汉大学）

当前主办单位：武汉大学简帛研究中心

当前出版机构：上海古籍出版社

出版总数：23 辑

出版周期：半年刊

投稿邮箱：jikan@bsm.org.cn

通信地址：湖北省武汉市武昌区八一路 299 号武汉大学简帛研究中心

《简帛》简介

《简帛》专注于对以战国文字为主的古文字研究，以简帛为主的先秦至汉晋出土文献的整理与研究，以简帛资料为主的先秦至汉晋史等学术领域，刊发资料、论文、学术动态与评介等，既有对新出土简牍的释文整理，也有对传统热点问题的深入研究。

《简帛》的常设栏目有：楚简帛研究、秦汉简帛研究、评论与综述、其他出土文献等。

《简帛》已入选南京大学"中文社会科学引文索引"（CSSCI）来源集刊。

简帛研究

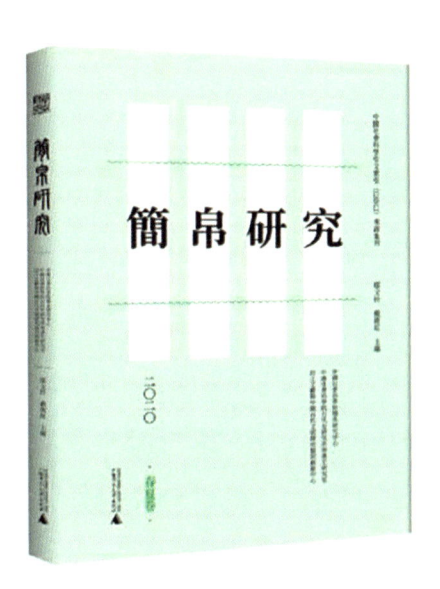

集刊名称：简帛研究

创刊时间：1993 年

创刊主编：李学勤

现任主编：戴卫红、邬文玲（中国社会科学院）

当前主办单位：中国社会科学院简帛研究中心、中国社会科学院古代史研究所秦汉史研究室

当前出版机构：广西师范大学出版社

出版总数：24 辑

出版周期：半年刊

投稿邮箱：jbyj2005@126.com

通信地址：北京市朝阳区国家体育场北路 1 号院 3 号楼中国社会科学院古代史研究所秦汉史研究室

《简帛研究》简介

《简帛研究》是由中国社会科学院简帛研究中心等主办的专业性学术刊物，提倡严谨的学风，坚持"百花齐放、百家争鸣"的方针，坚持相互尊重的自由讨论。

《简帛研究》接受以下研究领域的投稿：1. 出土简帛的辨识、考证；2. 根据出土简帛考辨史实，研究中国古代的各种制度、思想文化以及社会发展状况；3. 有代表性的国外简帛研究译文；4. 简帛研究综述；5. 简帛研究论著评论；6. 简帛学理论与方法的总结、探讨。

《简帛研究》已入选南京大学"中文社会科学引文索引"（CSSCI）来源集刊。

考古学集刊

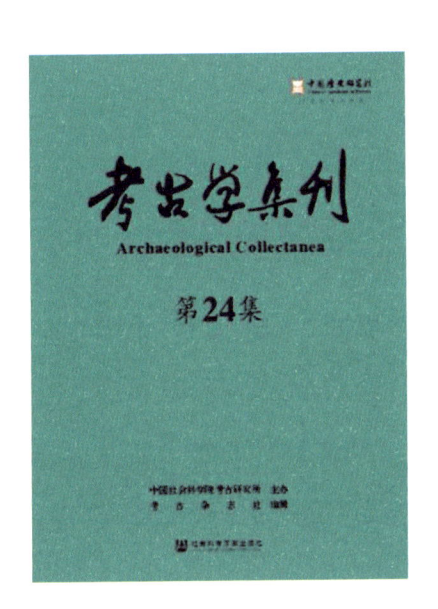

集刊名称：考古学集刊

创刊时间：1981 年

现任主编：朱岩石（中国社会科学院）

当前主办单位：中国社会科学院考古研究所

当前出版机构：社会科学文献出版社

出版总数：24 辑

出版周期：年刊

投稿页面：http：//www.kgzzs.com

通信地址：北京市朝阳区国家体育场北路 1 号院 3 号楼中国社会科学院考古研究所《考古学集刊》编辑部

《考古学集刊》简介

　　《考古学集刊》刊登长篇田野考古报告、考古研究论文以及有关科技考古的实验报告、论文等与考古学相关的学术性、资料性论文。

　　《考古学集刊》的常设栏目有：调查与发掘、研究与探索、考古与科技、考古学家与考古学史、实验考古、国外考古、学术动态等。

石窟寺研究

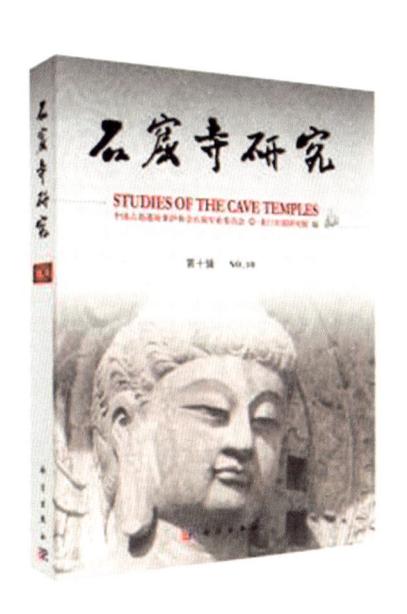

集刊名称：石窟寺研究

创刊时间：2010 年

创刊主编：孙英民

现任主编：孙英民（中国古迹遗址保护协会）

当前主办单位：中国古迹遗址保护协会石窟专业委员会、龙门石窟研究院

当前出版机构：科学出版社

出版总数：10 辑

出版周期：年刊

投稿邮箱：sksyjbjb@126.com

通信地址：河南省洛阳市洛龙区龙门中街龙门石窟研究院

《石窟寺研究》简介

《石窟寺研究》本着"百花齐放、百家争鸣"的方针,以刊发石窟寺研究领域的最新学术成果为己任,为全国石窟单位、相关科研院所和高等院校、国内外专家学者的全面沟通与交流搭建良好平台,以期推动石窟寺学术研究工作,促进全国石窟文物保护事业的繁荣和发展。

《石窟寺研究》刊登石窟寺考古、寺院遗址考古、佛教艺术和石窟文物保护与科学技术等方面的论文,常设栏目有:石窟研究、石窟保护、研究与探索、考古新发现、科技与保护等。

历史学
History

北京大学中国古文献研究中心集刊

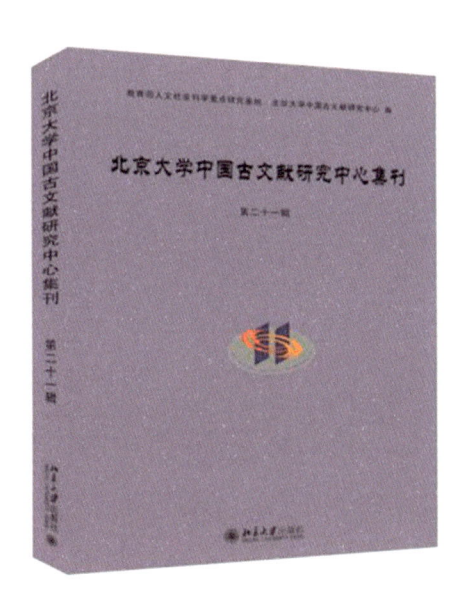

集刊名称：北京大学中国古文献研究中心集刊

创刊时间：1999 年

创刊主编：孙钦善等

现任主编：北京大学中国古文献研究中心

当前主办单位：北京大学中国古文献研究中心

当前出版机构：北京大学出版社

出版总数：21 辑

出版周期：年刊

《北京大学中国古文献研究中心集刊》简介

《北京大学中国古文献研究中心集刊》为北京大学中国古文献研究中心教师、博士研究生以及海内外相关领域研究者的论文集。集刊根据经、史、子、集分为四个部分，论文或为相关领域某个专门问题的新研究，或为中国古代著名学者的生平、交游考，或为海外汉学的交流探讨。

《北京大学中国古文献研究中心集刊》涉及古文献学理论研究、传世文献整理与研究、古文字与出土文献研究、海外汉籍与汉学研究等中国古文献研究相关领域。

《北京大学中国古文献研究中心集刊》已入选南京大学"中文社会科学引文索引"（CSSCI）来源集刊。

城市史研究

集刊名称：城市史研究

创刊时间：1988 年

创刊主编：胡光明、刘洪奎

现任主编：任吉东（天津社会科学院）

当前主办单位：天津社会科学院、中国城市史研究所

当前出版机构：社会科学文献出版社

出版总数：44 辑

出版周期：半年刊

投稿邮箱：chengshishiyanjiu@163.com

通信地址：天津市南开区迎水道 7 号天津社会科学院历史研究所

《城市史研究》简介

《城市史研究》是国内最早的城市史研究专业刊物,刊载具有学术性、前沿性、思想性的有关中外城市史研究的文章,涉及的内容包括城市政治、经济、社会、文化、环境及与之相关的地理、建筑、规划等多学科和跨学科研究成果。对选题独特、视角新颖、有创见的文稿尤为重视。

《城市史研究》的常设栏目有:城市经济、生态与环境、市政与空间规划、景观与社会生活、城市规划与空间等。

《城市史研究》已入选南京大学"中文社会科学引文索引"(CSSCI)来源集刊。

传统中国研究集刊

集刊名称：传统中国研究集刊

创刊时间：2006 年

创刊主编：钱杭

现任主编：司马朝军（上海社会科学院）

当前主办单位：上海社会科学院历史研究所

当前出版机构：上海社会科学院出版社

出版总数：23 辑

出版周期：半年刊

通信地址：上海市徐汇区中山西路 1610 号 2 号楼 8 楼上海社会科学院历史研究所

《传统中国研究集刊》简介

  《传统中国研究集刊》为众多学者有关中国传统政治、经济、社会、风俗礼仪等方面的最新研究成果集合；其所收论文，必须既有广度又有深度，是为《传统中国研究集刊》的特色，也是它的观点。

  《传统中国研究集刊》的常设栏目有：专稿、经子研究、史学研究、文献考证、名家学述等。

古典学评论

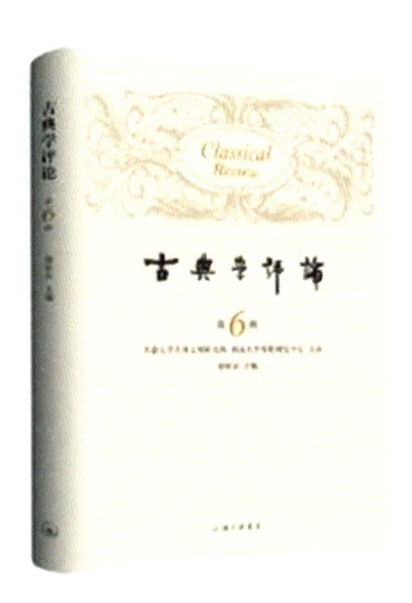

集刊名称：古典学评论

创刊时间：2015 年

创刊主编：徐松岩

现任主编：徐松岩（西南大学）

当前主办单位：西南大学古典文明研究所、西南大学希腊研究中心

当前出版机构：上海三联书店

出版总数：7 辑

出版周期：年刊

投稿邮箱：xfgdwm@163.com

通信地址：重庆市北碚区天生路 2 号西南大学历史文化学院《古典学评论》编辑部

《古典学评论》简介

　　《古典学评论》的内容涵盖中外古典文明和文化研究的多个方面，作者均系目前国内古典学领域一流专家，能够较为全面地反映我国古典学研究的水准。《古典学评论》旨在探讨世界古典文明及相关问题，以期促进古典学术的发展，推动国际学术交流。重点研究西方古典学，兼及中国古典文明和诸文明比较研究。提倡严谨扎实的学风，注重创新、探讨、切磋和争鸣。刊载历史学、哲学、文学、宗教学、文化学、人类学、神话学、考古学、生态学等不同研究领域的研究成果。

　　《古典学评论》的栏目均围绕特定专题或思想家组织，如：历史与地理、哲学与文学、历史与哲学、论著选议、学术龙门阵、小荷才露、实地调研、嘉陵书评等。

海洋史研究

集刊名称：海洋史研究

创刊时间：2010 年

创刊主编：李庆新

现任主编：李庆新（广东省社会科学院）

当前主办单位：广东省社会科学院海洋史研究中心

当前出版机构：社会科学文献出版社

出版总数：17 辑

出版周期：半年刊

投稿邮箱：hysyj@aliyun.com；hysyj2009@163.com

通信地址：广东省广州市天河区天河北路 618 号广东省社会科学院海洋史研究中心

《海洋史研究》简介

《海洋史研究》注重海洋史理论探索与学科建设，以华南区域与中国南海海域为重心，注重海洋社会经济史、海上丝绸之路史、东西方文化交流史、海洋信仰、海洋考古与海洋文化遗产等重大问题研究，建构具有区域特色的海洋史研究体系。同时，立足历史，关注现实，为政府决策提供理论参考与资讯服务。

《海洋史研究》设有专题笔谈、专题论文、学术述评等栏目，同时根据学界关注点的变化收录相关的专题论文。

《海洋史研究》已入选南京大学"中文社会科学引文索引"（CSSCI）来源集刊。

暨南史学

集刊名称：暨南史学

创刊时间：2002 年

创刊主编：纪宗安、汤开建

现任主编：马建春（暨南大学）

当前主办单位：暨南大学中外关系研究所

当前出版机构：暨南大学出版社

出版总数：23 辑

出版周期：半年刊

投稿邮箱：jinanshixue@ sina. com

通信地址：广东省广州市天河区黄埔大道西 601 号暨南大学中外关系研究所《暨南史学》编辑部

《暨南史学》简介

《暨南史学》强调文章的权威性、实据性、首发性和时代性，以及学术研究的国际合作性，其研究范畴涉及史学、地理学、宗教学、语言学，研究领域广阔，内容丰富，学术视野开阔，观点新颖独到，具有较高的学术水准。

《暨南史学》主要刊载史学研究的学术论文，内容涵盖古籍传播研究、古代经济研究、交通史研究、中外交流史、礼仪史、治理史、史籍考订、军事制度史等方面。刊物刊登有关史实考证的论文，也关注相关史实和典章制度的分析文章，既重视开阔的学术视野，也讲求笃实的文献资料。

《暨南史学》已入选南京大学"中文社会科学引文索引"（CSSCI）来源集刊。

甲骨文与殷商史

集刊名称：甲骨文与殷商史

创刊时间：2008 年

创刊主编：宋镇豪

现任主编：宋镇豪（中国社会科学院）

当前主办单位：中国社会科学院甲骨学殷商史研究中心

当前出版机构：上海古籍出版社

出版总数：10 辑

出版周期：年刊

投稿邮箱：zhhsong@yeah.net

通信地址：北京市朝阳区国家体育场北路 1 号院 2 号楼中国社会科学院历史研究院古代史研究所

《甲骨文与殷商史》简介

  《甲骨文与殷商史》刊布中国社会科学院同人最新甲骨学与殷商史研究成果，也关注甲骨文殷商史专题研究、商周甲骨文新材料发现整理与研究、甲骨文字考释、甲骨文例与语法研究、甲骨文组类区分与断代、甲骨缀合与辨伪、甲金文与殷墟考古研究、甲骨学与海内外甲骨文研究动态等学术领域。

  《甲骨文与殷商史》已入选南京大学"中文社会科学引文索引"（CSSCI）来源集刊。

江南社会历史评论

集刊名称：江南社会历史评论

创刊时间：2009 年

创刊主编：唐力行

现任主编：唐力行（上海师范大学）

当前主办单位：上海师范大学中国近代社会研究中心

当前出版机构：商务印书馆

出版总数：19 辑

出版周期：半年刊

投稿邮箱：xuhongmao@263.com；hongyu1028@263.net

通信地址：上海市徐汇区桂林路 100 号上海师范大学中国近代社会研究中心

《江南社会历史评论》简介

《江南社会历史评论》的办刊宗旨，一是重视理论的创新，尤其是本土化社会史理论的建立；二是重视新资料的挖掘，包括档案、碑刻、口碑、实物资料等；三是提倡社会史的新视野，例如在超越地域社会疆界的广阔视野中进行区域间的比较研究；四是倡导历史评论，在学术批评中推进学术的发展。

《江南社会历史评论》的常设栏目有：理论探索、学术评论、江南经济、江南文化、江南社会等。

《江南社会历史评论》已入选南京大学"中文社会科学引文索引"（CSSCI）来源集刊。

近代史学刊

集刊名称：近代史学刊

创刊时间：2001 年

创刊主编：章开沅

现任主编：马敏（华中师范大学）

当前主办单位：华中师范大学中国近代史研究所

当前出版机构：社会科学文献出版社

出版总数：25 辑

出版周期：半年刊

投稿邮箱：jindaishixuekan@126.com

通信地址：湖北省武汉市洪山区珞喻路 152 号华中师范大学国际交流园区一号楼中国近代史研究所

《近代史学刊》简介

  《近代史学刊》倡导"走出中国近代史研究中国近代史",因此,研究对象可以是1840—1949年的近代中国历史,也可以是1840年以前及1949年以后与近代中国历史源流有关的内容,以求融会贯通地理解近代中国的"古今之变"。

  《近代史学刊》的常设栏目有:专题论文、问题争鸣、学术综述、书介书评、读史札记等。

  《近代史学刊》已入选南京大学"中文社会科学引文索引"(CSSCI)来源集刊。

近代中国

集刊名称：近代中国

创刊时间：1990 年

创刊主编：丁日初

现任主编：廖大伟（东华大学）

当前主办单位：上海中山学社

当前出版机构：上海社会科学院出版社

出版总数：35 辑

出版周期：半年刊

投稿邮箱：jdzg2016@126.com

通信地址：上海市静安区陕西北路 128 号 13 楼上海中山学社

《近代中国》简介

《近代中国》为历史方面的连续性学术研究文集，主要涉及历史人物、政治、军事、经济、社会、法律、文化以及史料辑存等方面内容，刊载上述范围内有新意的学术论文。

《近代中国》的常设栏目有：人物研究、经济社会、政治外交、思想文化、近代人物、学术述评、史料辑录等。

《近代中国》已入选南京大学"中文社会科学引文索引"（CSSCI）来源集刊。

近现代国际关系史研究

集刊名称：近现代国际关系史研究

创刊时间：2006 年

创刊主编：徐蓝

现任主编：徐蓝（首都师范大学）

当前主办单位：首都师范大学历史学院国际关系史研究中心

当前出版机构：世界知识出版社

出版总数：19 辑

出版周期：半年刊

投稿邮箱：guojiguanxijk@163.com

通信地址：北京市海淀区西三环北路 83 号首都师范大学历史学院国际关系史研究中心

《近现代国际关系史研究》简介

  《近现代国际关系史研究》旨在为从事国际关系史研究的学者提供一个相互交流的平台，刊登以一手档案为基础，选题新颖，运用多边档案，具有原创性且未曾发表的研究性论文；亦刊发研究综述、书评书讯、专题书目以及档案资料汇编等，也欢迎以某个专题内容为核心整理的档案资料汇编。

  《近现代国际关系史研究》的常设栏目有：专题研究、二战史研究、中外关系研究、美国外交研究、宣传与公共外交史、法国与冷战、研究生论坛、档案文献、学术动态、书评等。

经学文献研究集刊

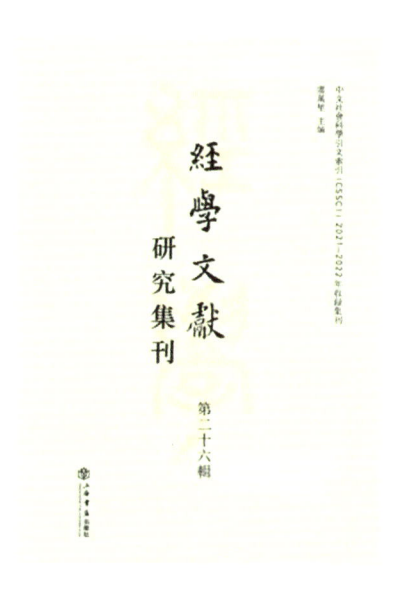

集刊名称：经学文献研究集刊

创刊时间：2005 年

创刊主编：虞万里

现任主编：虞万里（上海交通大学）

当前主办单位：上海交通大学经学文献研究中心

当前出版机构：上海书店出版社

出版总数：26 辑

出版周期：半年刊

投稿邮箱：jingxuewenxian@163.com

通信地址：上海市闵行区东川路 800 号上海交通大学人文学院经学文献研究中心

《经学文献研究集刊》简介

《经学文献研究集刊》旨在接续传统学脉，振兴传统学术，弘扬传统文化，所论崇尚实证，摒弃蹈虚，是研究中国传统文化的经学论文集。

《经学文献研究集刊》主要刊载经学、礼学、校勘学、文献学、版本学、历史学等传统学术的各个方面以及出土甲金文、简帛等学术论文，致力于继承传统学术与文化，丰富中国传统文献学、语言学、考据学、历史学之研究，强调融通历史、学有援据的学术研究。

《经学文献研究集刊》已入选南京大学"中文社会科学引文索引"（CSSCI）来源集刊。

民国研究

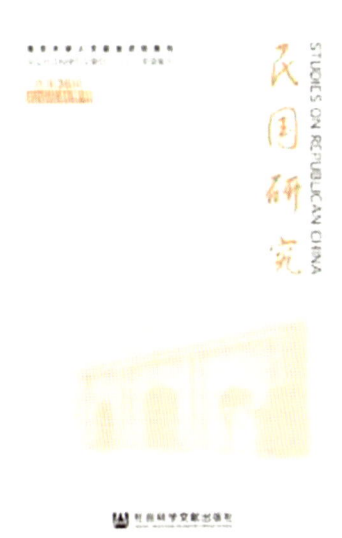

集刊名称：民国研究

创刊时间：1994 年

创刊主编：张宪文

现任主编：朱庆葆（南京大学）

当前主办单位：南京大学中华民国史研究中心

当前出版机构：社会科学文献出版社

出版总数：38 辑

出版周期：半年刊

投稿邮箱：minguoyanjiu06@sina.com

通信地址：江苏省南京市鼓楼区汉口路 22 号逸夫管理科学楼南京大学中华民国史研究中心

《民国研究》简介

  《民国研究》主要刊载民国时期相关史实与理论的研究文章，力争成为海内外民国史研究的窗口与园地。《民国研究》在求实的基础上鼓励创新，倡导文风朴实、论从史出、观点新颖、逻辑严密、引文准确、注释规范。

  《民国研究》的常设栏目有：民国政治与外交、民国经济与生活、民国经济与社会、民国人物、民国教育、民国政治等。

  《民国研究》已入选南京大学"中文社会科学引文索引"（CSSCI）来源集刊。

秦汉研究

集刊名称：秦汉研究

创刊时间：2007 年

创刊主编：雷依群、徐卫民

现任主编：徐卫民（西北大学）、王永飞（咸阳师范学院）

当前主办单位：中国秦汉史研究会、咸阳师范学院

当前出版机构：西北大学出版社

出版总数：16 辑

出版周期：半年刊

投稿邮箱：zghqhyj@163.com；79721252@qq.com

通信地址：陕西省咸阳市渭城区文林路 1 号咸阳师范学院历史文化学院张光晗；陕西省西安市碑林区太白北路 229 号西北大学文化遗产学院徐卫民

《秦汉研究》简介

《秦汉研究》是中国秦汉史研究会会刊，欢迎具有重大学术意义的争鸣类稿件、对促进学术发展有重要指引性的文章，以及论证严密的实证类成果。

《秦汉研究》主要刊登如下方面的研究性文章：秦汉史研究的理论、通论性文章；秦汉考古研究成果；秦汉碑刻、简帛研究；秦汉文献整理与研究；其他秦汉史研究领域的文章。

清史论丛

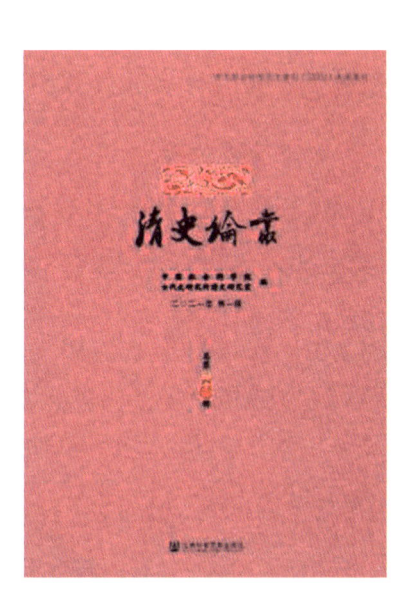

集刊名称：清史论丛

创刊时间：1979 年

创刊主编：杨向奎

现任主编：李世愉（中国社会科学院）

当前主办单位：中国社会科学院古代史研究所清史研究室

当前出版机构：社会科学文献出版社

出版总数：42 辑

出版周期：半年刊

投稿邮箱：qshlc@sina.cn

通信地址：北京市朝阳区国家体育场北路 1 号院 1 号楼中国社会科学院古代史研究所

《清史论丛》简介

　　《清史论丛》是国内清史学界历史最为悠久的学术刊物，一直坚守不看作者出身，只重论文质量，同时注重培养青年人的原则。主要探讨清代政治、经济、社会、文化、思想、学术、中外关系等问题，努力展示历代学人潜心治学的成果。

　　《清史论丛》的常设栏目有：专题研究、文献研究、读史札记、史家与史评、清代国家治理问题研究、特稿、学术争鸣等。

　　《清史论丛》已入选南京大学"中文社会科学引文索引"（CSSCI）来源集刊。

史学理论与史学史学刊

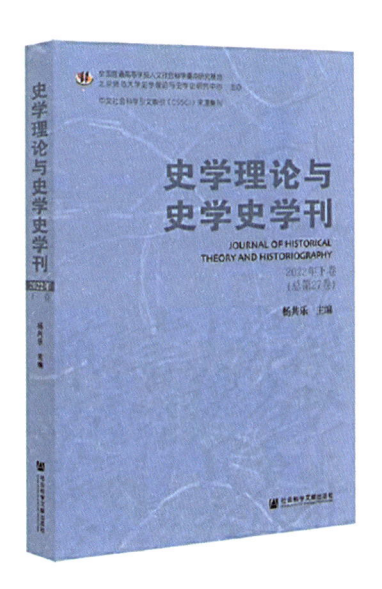

集刊名称：史学理论与史学史学刊

创刊时间：2003 年

创刊主编：瞿林东

现任主编：杨共乐（北京师范大学）

当前主办单位：北京师范大学史学理论与史学史研究中心

当前出版机构：社会科学文献出版社

出版总数：25 卷

出版周期：半年刊

投稿邮箱：history1101@163.com

通信地址：北京市海淀区新街口外大街 19 号北京师范大学史学理论与史学史研究中心《史学理论与史学史学刊》编辑部

《史学理论与史学史学刊》简介

《史学理论与史学史学刊》是反映史学界同人在史学理论、史学史研究领域之最新进展的一个学术园地。其宗旨是贯彻"百花齐放、百家争鸣"的方针，继承优秀史学遗产，促进中外史学交流，切磋学术，开拓创新，推动史学理论、史学史研究的不断进步。

《史学理论与史学史学刊》的常设栏目有：中国近现代史学研究、中国古代史学研究、当代史学评论、外国史学研究、历史文献学、当代史学前沿及评论、读史撷英等。

《史学理论与史学史学刊》已入选南京大学"中文社会科学引文索引"（CSSCI）来源集刊。

宋史研究论丛

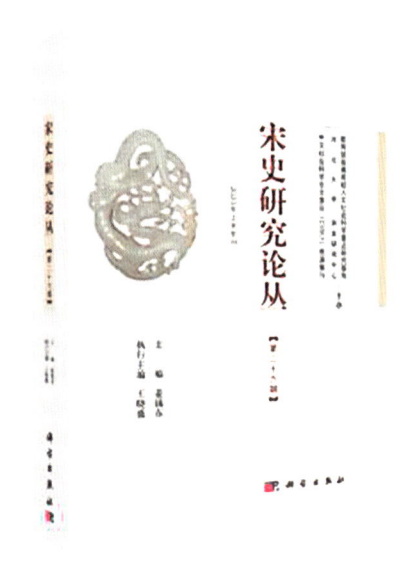

集刊名称：宋史研究论丛

创刊时间：1990 年

创刊主编：漆侠

现任主编：姜锡东（河北大学）

当前主办单位：河北大学宋史研究中心

当前出版机构：科学出版社

出版总数：29 辑

出版周期：半年刊

投稿邮箱：songshiluncong@163.com

通信地址：河北省保定市莲池区五四东路 180 号河北大学宋史研究中心

《宋史研究论丛》简介

《宋史研究论丛》注重学术研究中的新材料、新方法、新观点，主要刊发宋史领域学术论文，兼及辽金元史。所刊论文，或研究考证提出新见，或发掘新史料，为学界相关问题的研究成果，可供宋辽夏金元史研究者和爱好者参阅。

《宋史研究论丛》的栏目均围绕特定专题组织，如：宋代政治军事史研究、宋代文献研究、宋代文献考证与研究、宋代政治史研究、辽金元史研究、宋代经济社会史研究、宋代文化史研究、宋代思想文献史研究、宋金思想文化史研究等。

《宋史研究论丛》已入选南京大学"中文社会科学引文索引"（CSSCI）来源集刊。

隋唐辽宋金元史论丛

集刊名称：隋唐辽宋金元史论丛

创刊时间：2011 年

创刊主编：黄正建

现任主编：张国旺（中国社会科学院）

当前主办单位：中国社会科学院历史所隋唐五代十国史研究室、宋辽西夏金史研究室、元史研究室

当前出版机构：上海古籍出版社

出版总数：11 辑

出版周期：年刊

通信地址：北京市朝阳区国家体育场北路 1 号院 1 号楼中国社会科学院历史所

《隋唐辽宋金元史论丛》简介

《隋唐辽宋金元史论丛》集中展示中国社会科学院历史所"魏晋南北朝隋唐辽宋金元史重点学科"研究室研究人员的研究成果,以大历史、大视野的角度对中国古代史进行全面考察,论题涵盖隋唐辽宋金元史的前沿学术课题,具有较高学术价值。

《隋唐辽宋金元史论丛》刊载的论文内容涉及魏晋南北朝、隋、唐、辽、宋、金、元等时段,包括政治、经济、文化等领域,涵盖隋、唐、辽、宋、金、元史的前沿学术课题。

唐史论丛

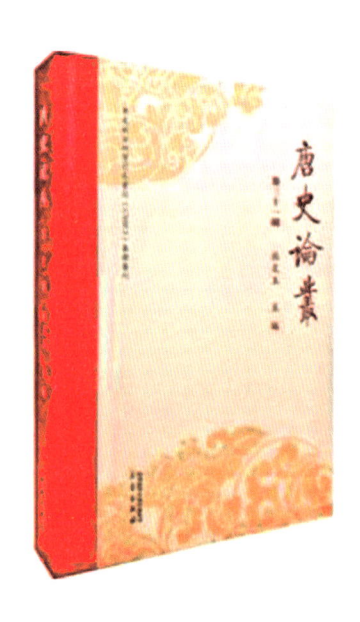

集刊名称：唐史论丛

创刊时间：1986 年

创刊主编：史念海

现任主编：杜文玉（陕西师范大学）

当前主办单位：陕西师范大学历史研究所、中国唐史学会

当前出版机构：三秦出版社

出版总数：33 辑

出版周期：半年刊

投稿邮箱：tangshiluncong@163.com

通信地址：陕西省西安市长安区长安街 620 号陕西师范大学历史文化学院《唐史论丛》编辑部

《唐史论丛》简介

《唐史论丛》收录国内外隋唐史研究专家的研究性论文，内容涉及唐代政治、职官、军事、外交、社会、民族、经济、法律、家族、宗教、文化、文学、出土墓志等多个研究领域，代表近年来唐史研究的新动向和新成果。《唐史论丛》每期均保证有相当比例的海内外知名专家的稿件，具有较高的学术水准。

《唐史论丛》的常设栏目有：宗教与文化、政治与民族、书评、典籍与文化、文物与碑志、家族与碑志、政治与制度、碑志研究、经济与文化、政治制度、经济与家族、政治与军事等。

《唐史论丛》已入选南京大学"中文社会科学引文索引"（CSSCI）来源集刊。

唐研究

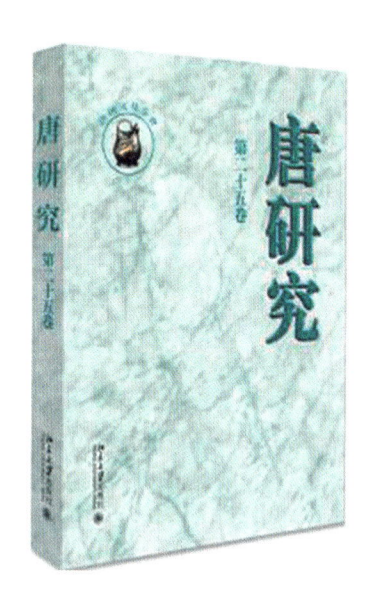

集刊名称：唐研究

创刊时间：1988 年

创刊主编：荣新江

现任主编：叶炜（北京大学）

当前主办单位：唐研究基金会、北京大学中国古代史研究中心

当前出版机构：北京大学出版社

出版总数：26 辑

出版周期：年刊

投稿邮箱：tougaotangyanjiu@163.com；yewei@pku.edu.cn

通信地址：北京市海淀区颐和园路 5 号北京大学历史系叶炜

《唐研究》简介

《唐研究》由美国罗杰伟（Roger E. Covey）先生创办的唐研究基金会资助，以唐代及相关时代的研究为主，内容包括历史、地理、美术、考古、语言、文学、哲学、宗教、政治、法律、经济、社会等各方面的传统学术问题。其特色是在论文之外，发表新史料、书评和学术信息。

《唐研究》常设论文、书评等栏目，并围绕特定专题组织栏目。

《唐研究》已入选南京大学"中文社会科学引文索引"（CSSCI）来源集刊。

魏晋南北朝隋唐史资料

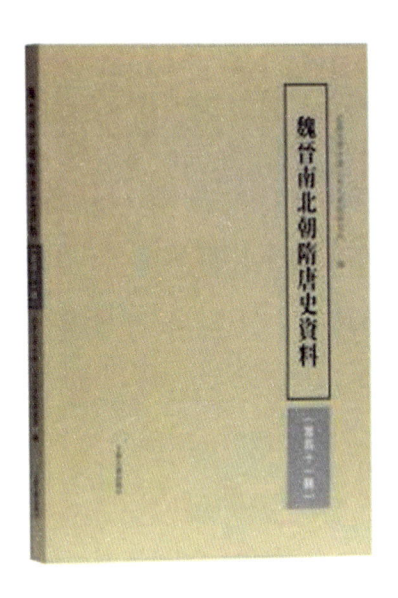

集刊名称：魏晋南北朝隋唐史资料

创刊时间：1979 年

创刊主编：唐长孺

现任主编：冻国栋（武汉大学）

当前主办单位：武汉大学中国三至九世纪研究所

当前出版机构：上海古籍出版社

出版总数：44 辑

出版周期：半年刊

投稿邮箱：wjnbcstszl@whu.edu.cn

通信地址：湖北省武汉市武昌区八一路 299 号武汉大学中国三至九世纪研究所《魏晋南北朝隋唐史资料》编辑部

《魏晋南北朝隋唐史资料》简介

《魏晋南北朝隋唐史资料》刊文以汉魏至隋唐史研究为主体，延续唐长孺先生开创的研究风格和优势，内容涉及政治史、制度史、地理、社会以及新出文书和碑刻的整理与研究等多个方面。

《魏晋南北朝隋唐史资料》的研究主题包括城市、空间、礼法等，论文涵盖汉魏到唐之间城市政治史、制度史以及碑刻、墓志、敦煌吐鲁番出土文献等方面的研究。

《魏晋南北朝隋唐史资料》已入选南京大学"中文社会科学引文索引"（CSSCI）来源集刊。

西域文史

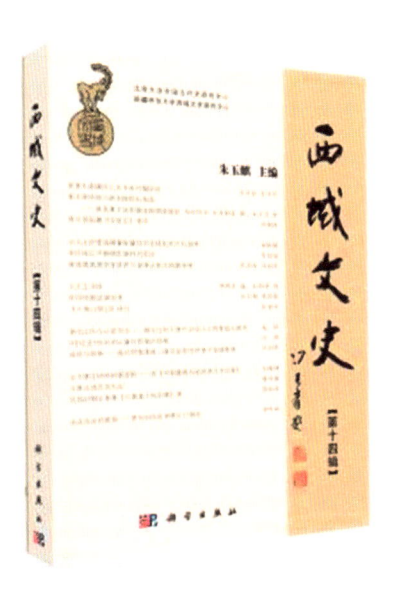

集刊名称：西域文史

创刊时间：2006 年

创刊主编：朱玉麒

现任主编：朱玉麒（北京大学）

当前主办单位：北京大学中国古代史研究中心、新疆师范大学西域文史研究中心

当前出版机构：科学出版社

出版总数：14 辑

出版周期：年刊

投稿邮箱：serindia@263.net；zyq001@pku.edu.cn

通信地址：北京市海淀区颐和园路 5 号北京大学中国古代史研究中心朱玉麒

《西域文史》简介

《西域文史》以中国新疆与中亚等地区的文化和历史为主要研究对象，刊文内容涉及考古、语言、历史、文学、民族、学术史等方面，适合从事西域历史、文化、考古研究的专家、学者及相关专业的大专院校师生参考阅读。

《西域文史》围绕学术论文、科学报告、书评、综述等方面设置栏目，欢迎各方面的自由投稿，也依托于研究中心不定期组织的敦煌吐鲁番学、丝绸之路、中亚史、中外文化交流、文物考古、历史地理文献等专题研讨会，约请专家、学者参与研究，组成专稿。

新史学

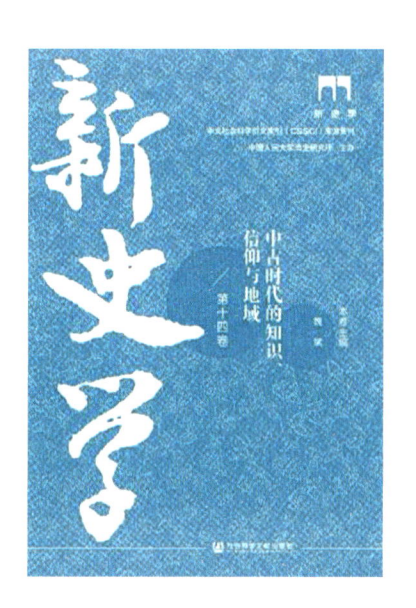

集刊名称：新史学

创刊时间：2007 年

创刊主编：孙江、杨念群、黄兴涛

现任主编：魏斌（武汉大学）

当前主办单位：中国人民大学清史研究所

当前出版机构：社会科学文献出版社

出版总数：14 辑

出版周期：半年刊

投稿邮箱：qingshisuo@163.com

通信地址：北京市海淀区中关村大街 59 号中国人民大学清史研究所《新史学》编辑部

《新史学》简介

《新史学》是中国人民大学清史研究所主办的学术集刊，采取轮流主编制，编辑委员会的召集人是南京大学的孙江教授、中国人民大学的杨念群和黄兴涛教授。《新史学》着眼于从方法论角度把握史学发展的前沿，努力探索史学创新的道路。优先采用在多学科交叉的语境下，对历史学的方法与叙述进行多元探索的优秀论文和评论文字，兼容发表具有创意风格的传统史学论文。

《新史学》每一辑的主题设计均有所变化，力求迅速追踪和反映史学界最新研究动态，在已出版的各辑中，广泛涉及新文化史、环境史、新革命史等方面的前沿内容，刊物关照青年学者，注重考证内容和研究思路方法的价值。

《新史学》已入选南京大学"中文社会科学引文索引"（CSSCI）来源集刊。

新史学

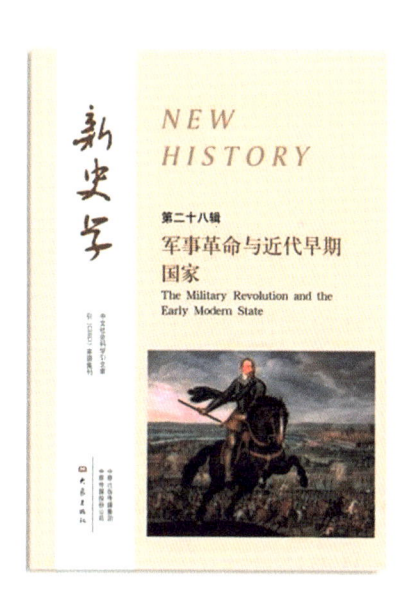

集刊名称：新史学

创刊时间：2003 年

创刊主编：陈恒、耿相新

现任主编：陈恒（上海师范大学）

当前主办单位：上海师范大学

当前出版机构：大象出版社

出版总数：28 辑

出版周期：半年刊

投稿邮箱：chen68@shnu.edu.cn

通信地址：上海市徐汇区桂林路 100 号上海师范大学西部行政楼 1015 室《新史学》编辑部

《新史学》简介

《新史学》是上海师范大学主办的历史类学术集刊，由上海师范大学陈恒教授担任主编。《新史学》始终以服务我国的史学发展为己任，以历史学的新发展为重点，兼及其他相关学科，并着眼于新的变化和前沿问题的探讨，以史学为基础，进行跨学科、跨文化的综合研究。既致力于及时了解国外史学的最新发展，特别是理论方法论上的新发展和新变化，又结合中国史学界的实际，努力加强我国史学与国际史学的对话。

《新史学》每期设置一个主题，邀请不同文化背景、不同学科背景的专家学者就这一问题进行多方位、多层次、更全面的探讨，以阐述常见中之不常见；还设有史学史与史学理论、光启评论等栏目。

《新史学》已入选南京大学"中文社会科学引文索引"（CSSCI）来源集刊。

形象史学

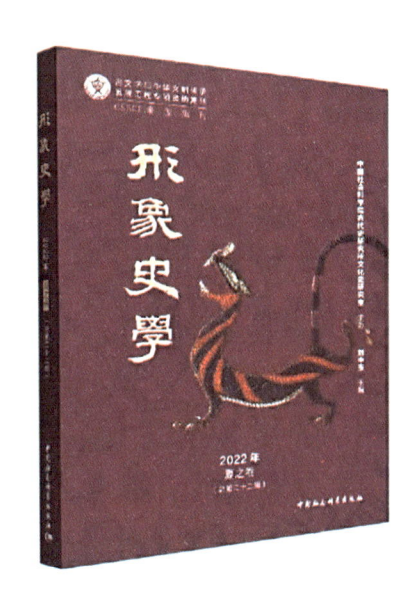

集刊名称：形象史学

创刊时间：2011 年

创刊主编：胡振宇

现任主编：刘中玉（中国社会科学院）

当前主办单位：中国社会科学院古代史研究所文化史研究室

当前出版机构：中国社会科学出版社

出版总数：22 辑

出版周期：季刊

投稿邮箱：xxshx2011@yeah.net

通信地址：北京市朝阳区国家体育场北路 1 号院中国社会科学院中国历史研究院行成楼 220 房间

《形象史学》简介

《形象史学》刊载内容充实、文字洗练并有一定深度和广度的中国古代文化史研究范畴的专题文章，尤其欢迎利用历史上流传下来的各类形象材料进行专题研究的考据文章，以及围绕中国古代文化史学科建构与方法探讨的理论文章。此外，与古代丝路文化和碑刻文献研究相关的文章，亦在欢迎之列。

《形象史学》的常设栏目有：理论动态、名家笔谈、器物研究、图像研究、汉画研究、服饰研究、文本研究等。对于反映文化史研究前沿动态与热点问题的综述、书评、随笔以及相关领域国外学者的最新研究成果亦适量选用。

《形象史学》已入选南京大学"中文社会科学引文索引"（CSSCI）来源集刊。

医疗社会史研究

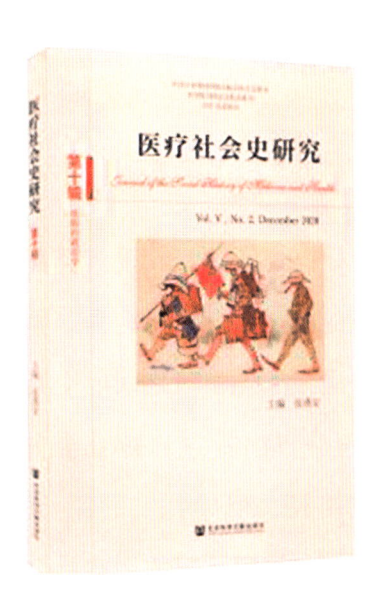

集刊名称：医疗社会史研究

创刊时间：2015 年

创刊主编：张勇安

现任主编：张勇安（上海大学）

当前主办单位：上海大学文学院

当前出版机构：社会科学文献出版社

出版总数：12 辑

出版周期：半年刊

投稿邮箱：jshm2016@126.com

通信地址：上海市宝山区上大路 99 号上海大学文学院《医疗社会史研究》编辑部

《医疗社会史研究》简介

医疗社会史研究长期受到国际学术界的关注。为了加强与国际学术界的对话、交流与合作，拓展历史学研究的新领域、新史料与新方法，深化学科之间的交叉融通，上海大学特创办《医疗社会史研究》集刊。《医疗社会史研究》是一个鼓励多学科或跨学科研究路径，倡导扎实的原始资料运用，对论证分析风格不拘，对文体和篇幅不限的医疗社会史及相关研究领域的专业学术刊物。刊登文章的题材不限，既欢迎观点新颖、论证严谨的长篇佳作，亦欢迎介绍国内外研究动态、书评、专访等方面的精粹短篇。

《医疗社会史研究》每辑设有一个专题，并分设专题论文、档案选编、学术书评等栏目。

《医疗社会史研究》已入选南京大学"中文社会科学引文索引"（CSSCI）来源集刊。

中国经济史评论

集刊名称：中国经济史评论

创刊时间：2013 年

创刊主编：刘兰兮、陈锋

现任主编：魏明孔（中国经济史学会）、戴建兵（河北师范大学）

当前主办单位：中国经济史学会、河北师范大学历史文化学院、《河北师范大学学报》编辑部

当前出版机构：社会科学文献出版社

出版总数：10 辑

出版周期：半年刊

投稿邮箱：zgjjspl@126.com

《中国经济史评论》简介

《中国经济史评论》鼓励经济史学者在研究中挖掘新资料，运用新方法，提出新问题，深入剖析历史上诸多经济现象之间的相互关系，注重对经济史重大问题的理论探讨与经济史前沿问题的研究。

《中国经济史评论》刊文内容涉及经济史理论与方法、中国经济史、世界经济史、中外比较经济史诸方面，以及中外经济史论著评论与国外经济史理论评介，专题研究成果述评与国内外经济史研究前沿或研究动态的报道，等等。

《中国经济史评论》已入选南京大学"中文社会科学引文索引"（CSSCI）来源集刊。

中国社会历史评论

集刊名称：中国社会历史评论

创刊时间：1999 年

创刊主编：张国刚

现任主编：常建华（南开大学）

当前主办单位：南开大学中国社会史研究中心

当前出版机构：天津古籍出版社

出版总数：27 辑

出版周期：半年刊

投稿邮箱：ccsh@nankai.edu.cn

通信地址：天津市津南区海河教育园区同砚路 38 号南开大学历史学院中国社会史研究中心

《中国社会历史评论》简介

《中国社会历史评论》刊载学术功底扎实、研究视角独特、视野新颖、各具特色的研究性论文。鼓励发表引用资料丰富、论述细致、有较强的问题意识并尝试采取新的研究方法,反映出较强的学术探索精神的学术研究成果。

《中国社会历史评论》的常设栏目有:书评、学术探讨、社会文化史、社会经济史、医疗社会史、地域社会、礼仪习俗与生活、物质文化与生活俗尚、物质文化与日常生活等。

《中国社会历史评论》已入选南京大学"中文社会科学引文索引"(CSSCI)来源集刊。

外国文学
Foreign Literature

复旦外国语言文学论丛

集刊名称：复旦外国语言文学论丛

创刊时间：1988 年

创刊主编：朱永生

现任主编：卢丽安（复旦大学）

当前主办单位：复旦大学外文学院

当前出版机构：复旦大学出版社

出版总数：44 辑

出版周期：半年刊

投稿邮箱：fdwyw@fudan.edu.cn

通信地址：上海市杨浦区邯郸路 220 号复旦大学文科楼外文学院

《复旦外国语言文学论丛》简介

《复旦外国语言文学论丛》着力于反映外语研究中的最新动态，发表中外学者研究外国文学文化、语言学和翻译等方面的最新学术成果。学术覆盖面广，除了文学、语言学、翻译等多元板块外，还覆盖小语种语言文学研究，专栏特色鲜明，在国内学界有较大的影响力。

《复旦外国语言文学论丛》常设文学、翻译学、语言学等栏目，并围绕特定主题设置专栏，如英国文学专栏、叙事学专栏、澳大利亚文学专栏等。

《复旦外国语言文学论丛》已入选南京大学"中文社会科学引文索引"（CSSCI）来源集刊。

跨文化对话

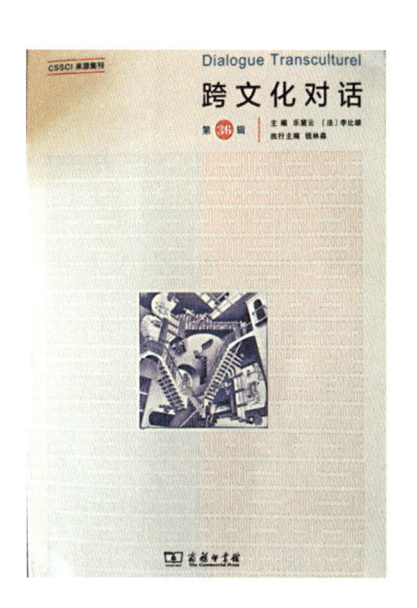

集刊名称：跨文化对话

创刊时间：1998 年

创刊主编：乐黛云、〔法〕李比雄

现任主编：乐黛云（北京大学）、〔法〕李比雄（法国欧洲跨文化研究院）

当前主办单位：北京大学跨文化研究中心、南京大学比较文学与比较文化研究所、中国文化书院跨文化研究院、北京论坛、欧洲跨文化研究院

当前出版机构：商务印书馆

出版总数：45 辑

出版周期：半年刊

投稿邮箱：jqtang57@hotmail.com

通信地址：江苏省南京市栖霞区仙林大道 163 号南京大学文学院 404 室

《跨文化对话》简介

《跨文化对话》是以跨文化的理论、实践以及与跨文化对话相关的各种前沿学术问题为研究旨归的综合性学术刊物，重点刊发跨文化对话的理论思考与实践总结的学术论文，刊发与跨文化对话、比较文学等相关学科有关的各种前沿学术理论问题的论文、访谈、评论、随笔、书评和动态等。《跨文化对话》的愿景是发掘中国与世界其他地区对话的历史和当下经验，把各国传统资源吸纳到新的世界对话中，为世界和平做出文人的努力。

《跨文化对话》常设方法论专论、学术前沿思考、学术圆桌、要籍时评、说东道西、学术动态等栏目，并根据每期来稿特点和热点重点问题做相应调整。

《跨文化对话》已入选南京大学"中文社会科学引文索引"（CSSCI）来源集刊。

跨文化研究

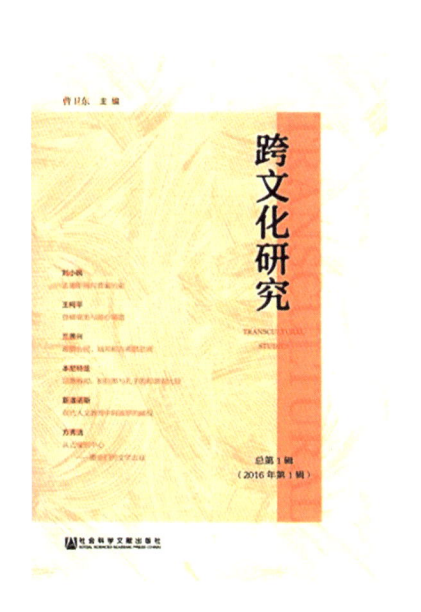

集刊名称：跨文化研究

创刊时间：2016 年

创刊主编：曹卫东

现任主编：胡继华（北京第二外国语学院）

当前主办单位：北京第二外国语学院文化与传播学院

当前出版机构：社会科学文献出版社

出版总数：10 辑

出版周期：半年刊

投稿邮箱：kuawenhuayjy@bisu.edu.cn

通信地址：北京市朝阳区定福庄南里 1 号北京第二外国语学院文化与传播学院

《跨文化研究》简介

  《跨文化研究》旨在瞩望人文，学宗博雅，故拆解古今中西藩篱，汇通人文，兼容六艺；立足语言文学，却无学科本位，尝试将文学、历史、宗教、哲学、语言融于一体。《跨文化研究》希求文化间性研究、文化交往性研究、文化超越性研究的前沿学术成果，期待并培壅既有古典根荄又富当代意识的学术情怀，不对作者的文字篇幅、研究领域、治学方法做刻意的限制。

  《跨文化研究》的常设栏目有：经典论绎、经典导读、异邦视野、文论前沿、新著揽英等。

欧洲语言文化研究

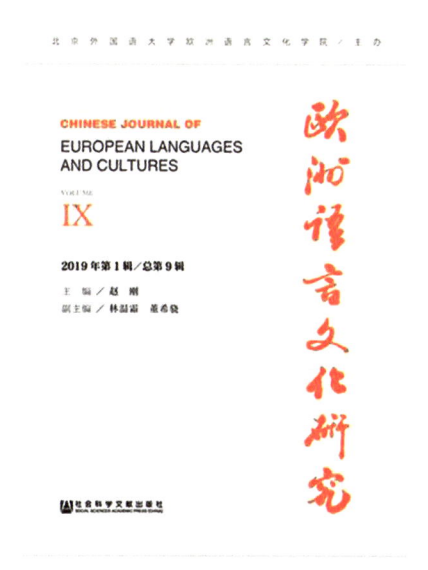

集刊名称：欧洲语言文化研究

创刊时间：2005 年

创刊主编：易丽君

现任主编：赵刚（北京外国语大学）

当前主办单位：北京外国语大学欧洲语言文化学院

当前出版机构：社会科学文献出版社

出版总数：12 辑

出版周期：年刊

投稿邮箱：ozyywhyj@163.com

通信地址：北京市海淀区西三环北路 2 号北京外国语大学欧洲语言文化学院

《欧洲语言文化研究》简介

《欧洲语言文化研究》聚焦欧洲非通用语国家或地区的语言文化与社会问题,主要刊发欧洲非通用语国家或地区语言、文学、历史、文化、社会及中欧交流等方面的研究成果,是国内外学者开展欧洲非通用语教学与研究的重要园地。

《欧洲语言文化研究》的常设栏目有:名家谈欧洲、欧洲语言与外语教学、欧洲历史与文化、关注欧洲文坛、聚焦欧洲社会、中国与欧洲、译介传播等。

圣经文学研究

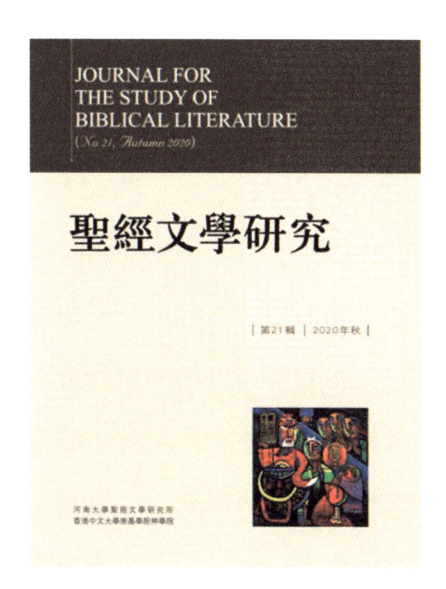

集刊名称：圣经文学研究

创刊时间：2007 年

创刊主编：梁工

现任主编：梁工、程小娟（河南大学）

当前主办单位：河南大学文学院圣经文学研究所

当前出版机构：宗教文化出版社

出版总数：23 辑

出版周期：半年刊

投稿邮箱：sjwxyj2007@163.com

通信地址：河南省开封市顺河回族区明伦街 85 号河南大学《圣经文学研究》编辑部

《圣经文学研究》简介

《圣经文学研究》主张运用各种传统和现代文论对圣经进行文学评论，亦倡导对圣经进行全方位或多层面的学术透视，鼓励针对圣经文本的各种内部问题研究，以及圣经与其周边诸学科关系的交叉性、跨越性、互文性、综合性研究。欢迎境内外圣经学者对重大学术问题的探索，以及基于中国人生存体验而显示出某些中国特色的圣经研讨。在追求发表名家名作的同时，亦大力扶持学术新人之作。

《圣经文学研究》的常设栏目有：旧约研究、新约研究、专题论述、圣经与文学、圣经与翻译、圣经与史学、圣经与神学、圣经阐释学、圣经修辞学、认识名家等。

《圣经文学研究》已入选南京大学"中文社会科学引文索引"（CSSCI）来源集刊。

外国语文研究

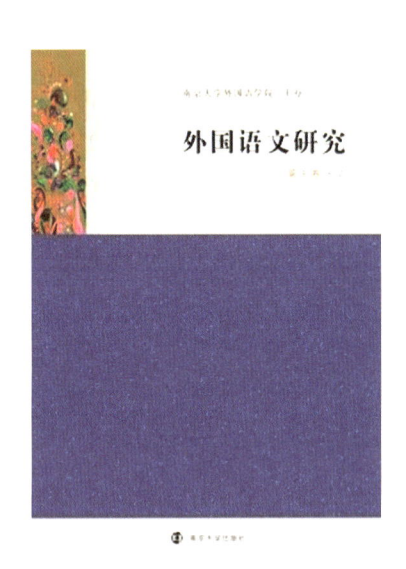

集刊名称：外国语文研究

创刊时间：2010 年

创刊主编：陈新仁

现任主编：陈新仁（南京大学）

当前主办单位：南京大学外国语学院

当前出版机构：南京大学出版社

出版总数：22 辑

出版周期：半年刊

投稿邮箱：wgywyj@126.com

通信地址：江苏省南京市栖霞区仙林大道 163 号南京大学外国语学院《外国语文研究》编辑部

《外国语文研究》简介

《外国语文研究》立足南京大学外国语言文学学科,旨在通过引领学术方向,催生原创性研究成果,为推动我国外国语言文学研究做出贡献。

《外国语文研究》的常设栏目有:语言理论与应用研究、外国文学研究、学术评价研究、翻译研究、学科动态、前沿动态等。

《外国语文研究》已入选南京大学"中文社会科学引文索引"(CSSCI)来源集刊。

文学理论前沿

集刊名称：文学理论前沿

创刊时间：2004 年

创刊主编：王宁

现任主编：王宁（清华大学）

当前主办单位：国际文学理论学会、中国中外文艺理论学会、上海交通大学人文艺术研究院、清华大学比较文学与文化研究中心

当前出版机构：社会科学文献出版社

出版总数：23 辑

出版周期：半年刊

投稿邮箱：wyxbgs@mail.tsinghua.edu.cn

通信地址：北京市海淀区双清路 30 号清华大学外文系

《文学理论前沿》简介

《文学理论前沿》站在国际文学理论和文化研究的前沿,对当今学术界普遍关注的热点话题发掘有益的研究成果,也从今天的新视角对曾在文学理论史上有过重要影响但现已被忽视的一些老话题进行新的阐释,同时着眼当今国际文学理论和文化研究的前沿,专门研究现当代中外文学理论最新国际化课题。

《文学理论前沿》的常设栏目有:前沿理论探讨、当代文论、大家研究、中外文论的对话、对话与访谈等。

《文学理论前沿》已入选南京大学"中文社会科学引文索引"(CSSCI)来源集刊。

英美文学研究论丛

集刊名称：英美文学研究论丛

创刊时间：2000 年

创刊主编：虞建华

现任主编：李维屏（上海外国语大学）

当前主办单位：上海外国语大学文学研究院

当前出版机构：上海外语教育出版社

出版总数：35 辑

出版周期：半年刊

投稿邮箱：ymwxlc@sina.com

通信地址：上海市虹口区大连西路 550 号上海外国语大学文学研究院《英美文学研究论丛》编辑部

《英美文学研究论丛》简介

　　《英美文学研究论丛》专门研究英美文学，坚持国际化、专业化的办刊理念，以开阔前沿的学术视野、高水平的作者队伍、严谨的编辑团队，全力打造国内英美文学界的高端学术平台，为国内外英美文学发展和交流事业做贡献。

　　《英美文学研究论丛》的常设栏目有：美国文学、英国文学、学者访谈、族裔文学、文学理论、共同体研究、理论与批评、书评与动态等。

　　《英美文学研究论丛》已入选南京大学"中文社会科学引文索引"（CSSCI）来源集刊。

外国文学

中外文论

集刊名称：中外文论

创刊时间：2008 年

创刊主编：高建平

现任主编：高建平（中国社会科学院）

当前主办单位：中国中外文艺理论学会

当前出版机构：中国社会科学出版社

出版总数：18 辑

出版周期：半年刊

投稿邮箱：zgwenyililun@126.com

通信地址：北京市东城区建国门内大街 5 号中国社会科学院文学研究所 739 室

《中外文论》简介

《中外文论》是中国社会科学院创新工程学术出版资助项目，主要收录中国中外文艺理论学会年会参会学者所提交的会议交流论文，也接受会员及从事文艺理论研究的国内外学者的日常投稿，学术论文、译文、评述、书评及有价值的研究资料等均可。

《中外文论》的常设栏目有：西方文论研究、中国文论研究、译文选刊、中国古代文论研究、马克思主义文论研究、基础文论研究、当代理论与批评等。

艺术学

Art

动漫研究

集刊名称：动漫研究

创刊时间：2015 年

创刊主编：杨冬

现任主编：郭道荣（成都大学）

当前主办单位：四川动漫研究中心

当前出版机构：四川美术出版社

出版总数：6 辑

出版周期：年刊

投稿邮箱：scdm123@126.com

通信地址：四川省成都市龙泉驿区成洛大道 2025 号四川动漫研究中心

《动漫研究》简介

《动漫研究》是由四川动漫研究中心主办的关注动漫研究的集刊,创建于 2015 年。《动漫研究》主要刊登有关动漫产业、动漫教育、动漫艺术等领域的研究论文。

《动漫研究》的常设栏目有:理论探究、历史经纬、产业聚焦、改编策略、技术解码、艺术视野、创作思考、教育研究、国际视野等。

美术史与观念史

集刊名称：美术史与观念史

创刊时间：2003 年

创刊主编：范景中、曹意强

现任主编：范景中（南京师范大学）、曹意强（中央美术学院）、刘赦（南京师范大学）

当前主办单位：南京师范大学美术学院

当前出版机构：南京师范大学出版社

出版总数：26 辑

出版周期：半年刊

投稿邮箱：artandideas@163.com

通信地址：江苏省南京市栖霞区文苑路 1 号南京师范大学美术学院

《美术史与观念史》简介

《美术史与观念史》刊载国内外美术史与观念史领域的高水平研究成果，反映该领域最新的学术前沿，以图像为旨归，以观念史为羽翼，融汇东西，贯通古今，开拓视野，促进交流，展现作为人文学科的美术史的宏博精深，以及艺术作为人类智性方式的独特价值。

《美术史与观念史》的常设栏目有：中西美术史个案专题研究、观念史个案研究、美术与观念史互动研究、中西艺术史学史研究、美术理论研究、鉴藏史研究、经典论著评介等。

《美术史与观念史》已入选南京大学"中文社会科学引文索引"（CSSCI）来源集刊。

美学与艺术评论

集刊名称：美学与艺术评论

创刊时间：1984 年

创刊主编：蒋孔阳

现任主编：朱立元（复旦大学）

当前主办单位：复旦大学文艺学美学研究中心

当前出版机构：山西教育出版社

出版总数：23 辑

出版周期：半年刊

投稿邮箱：mxys@fudan.edu.cn

通信地址：上海市杨浦区邯郸路 220 号复旦大学中文系（西主楼 1505 室）《美学与艺术评论》编辑部

《美学与艺术评论》简介

《美学与艺术评论》坚持马克思主义导向，坚持科学性、学术性和创新性，主要针对近年中国文艺学美学研究中最前沿的热点关注问题，内容涉及美学各个研究领域，如中外美学史、美学理论、文艺美学、文艺理论、艺术学、比较美学等，以及有关文艺本质、文艺学范式、审美意识等领域具有前沿性、有见地的研究论文。

《美学与艺术评论》每期围绕特定主题组织栏目，如马克思主义美学、易学与美学专题、文学地理学和空间研究、中华审美文化与西方艺术发展、新技术时代与文化、当代文艺理论等。

《美学与艺术评论》已入选南京大学"中文社会科学引文索引"（CSSCI）来源集刊。

艺术学

南大戏剧论丛

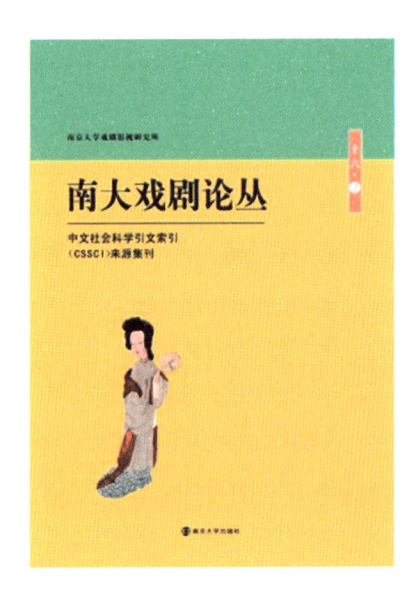

集刊名称：南大戏剧论丛

创刊时间：2005 年

创刊主编：胡星亮

现任主编：胡星亮（南京大学）

当前主办单位：南京大学戏剧影视研究所

当前出版机构：南京大学出版社

出版总数：25 辑

出版周期：半年刊

投稿邮箱：njudrama@163.com

通信地址：江苏省南京市栖霞区仙林大道 163 号南京大学文学院戏剧影视研究所

《南大戏剧论丛》简介

《南大戏剧论丛》为南京大学戏剧影视研究所集刊，刊文力求反映当前国内外戏剧研究动态、前沿理论问题、古今中外重要戏剧现象和问题，成为国内戏剧研究的重要理论平台。

《南大戏剧论丛》的常设栏目有：戏曲研究、戏剧理论前沿、戏剧研究前沿、古典戏曲研究、20世纪中国戏剧研究、中外话剧研究等。

《南大戏剧论丛》已入选南京大学"中文社会科学引文索引"（CSSCI）来源集刊。

艺术学

曲学

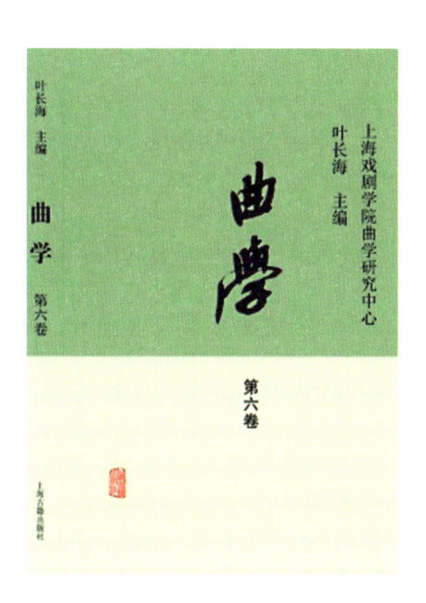

集刊名称：曲学

创刊时间：2013 年

创刊主编：叶长海

现任主编：叶长海（上海戏剧学院）

当前主办单位：上海戏剧学院曲学研究中心

当前出版机构：上海古籍出版社

出版总数：7 辑

出版周期：年刊

投稿邮箱：xjxqx2013@ sina. com

通信地址：上海市静安区华山路 630 号上海戏剧学院第二教学楼 306 室《曲学》编辑部

《曲学》简介

《曲学》为以曲学为研究对象的专业集刊，每卷收录曲学类文章约30篇，所收文章均具有一定理论深度与学科研究代表性，基本涵盖近年来曲学领域内的最新研究成果，对曲学研究和推进已产生一定影响。

《曲学》重点刊发传统曲学（包括戏曲、散曲、曲艺、小曲等）相关的研究性论文、文献综述、简报、专题研究等。

艺术学

上海视觉

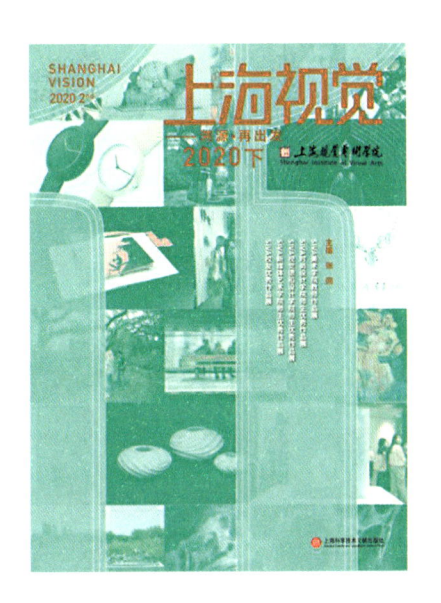

集刊名称：上海视觉

创刊时间：2015 年

创刊主编：王荣华

现任主编：余振伟（上海视觉艺术学院）

当前主办单位：上海视觉艺术学院

当前出版机构：上海科学技术文献出版社

出版总数：11 辑

出版周期：半年刊

投稿平台：http：//vision.siva.edu.cn

通信地址：上海市松江区文翔路 2200 号《上海视觉》编辑部

《上海视觉》简介

　　《上海视觉》为上海视觉艺术学院学报，秉承"忠诚、卓越、创新、和谐"的校训，贯彻"人无我有，人有我新，人优我精"的办学方针，全面展示视觉艺术教学领域最新教学、学术和科研之思想和成果，提供当代视觉艺术教学、学术、科研交流平台。《上海视觉》特别欢迎各类艺术基金研究成果。

　　《上海视觉》的常设栏目有：优秀作品赏析、理论研究、艺术实践、艺术批评、学术研究、教学探索、教学研究、艺术学探索等。

　　《上海视觉》已入选南京大学"中文社会科学引文索引"（CSSCI）来源集刊。

戏曲研究

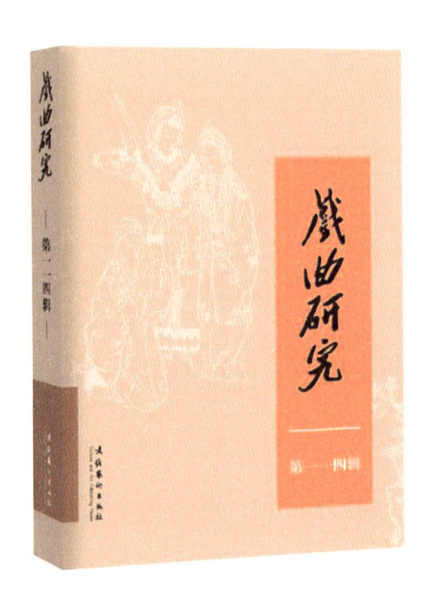

集刊名称：戏曲研究

创刊时间：1980 年

现任主编：王馗（中国艺术研究院）

当前主办单位：中国艺术研究院戏曲研究所

当前出版机构：文化艺术出版社

出版总数：120 辑

出版周期：季刊

投稿邮箱：xiquyanjiu@sina.com

通信地址：北京市朝阳区惠新北里甲 1 号中国艺术研究院戏曲研究所《戏曲研究》编辑部

《戏曲研究》简介

《戏曲研究》坚持贯彻"双百"方针，坚持理论联系实际的学术传统，提倡严谨朴实的学术风气，聚焦非物质文化遗产保护、中国戏曲遗产的传承与变革，关注当代戏曲研究的最新发展趋势，展现戏曲理论研究的最新学术成果，为发展和建设中国特色社会主义戏曲理论体系服务，在推动中国戏曲理论的建设、建构具有中国特色的戏曲学体系方面，做出了一份贡献。

《戏曲研究》的常设栏目有：学术动态、戏曲文化、戏曲理论、戏曲史研究、古代戏曲、深度访谈、当代戏曲等。

《戏曲研究》已入选南京大学"中文社会科学引文索引"（CSSCI）来源集刊。

艺术史研究

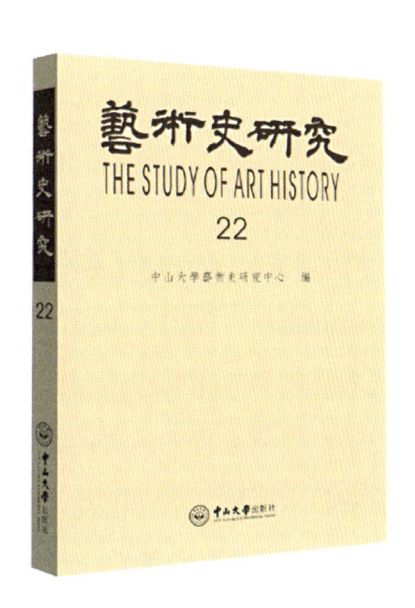

集刊名称：艺术史研究

创刊时间：1999 年

创刊主编：邵宏

现任主编：向群（中山大学）

当前主办单位：中山大学艺术史研究中心

当前出版机构：中山大学出版社

出版总数：25 辑

出版周期：年刊

投稿邮箱：exysxzx@zsu.edu.cn

通信地址：广东省广州市海珠区新港西路 135 号中山大学西北区 515 号

《艺术史研究》简介

《艺术史研究》旨在探索和尝试使艺术史重新回归人文传统与学术主流的途径，提倡艺术史研究进入综合性大学的学术视野及与当代人文科学的相互渗透与整合，并在跨学科的基础上以严格的现代学术规范进行艺术史的前沿研究。《艺术史研究》坚持严谨专业的学术风格，恪守国际学术规范。

《艺术史研究》的主要栏目包括中国古代艺术史、中国现代艺术史、外国艺术史等。

《艺术史研究》已入选南京大学"中文社会科学引文索引"（CSSCI）来源集刊。

艺术学界

集刊名称：艺术学界

创刊时间：2009 年

创刊主编：王廷信

现任主编：龙迪勇（东南大学）

当前主办单位：东南大学艺术学院

当前出版机构：中国社会科学出版社

出版总数：26 辑

出版周期：半年刊

投稿邮箱：ysxj2009@ sina. com

通信地址：江苏省南京市鼓楼区四牌楼 2 号东南大学艺术学院《艺术学界》编辑部

《艺术学界》简介

《艺术学界》以一级学科艺术学理论为主要特色,适量兼及艺术学其他一级学科,力求站在学术前沿,集中反映观点新颖、资料性强、较为深入的艺术理论研究成果。《艺术学界》将团结海内外学人,努力塑造富有原创性、前沿性、深入性的学术性格。欢迎以中国艺术问题为主要研究对象,对影响艺术走向的艺术理论或现象有独到见解的学术论文。

《艺术学界》的常设栏目有:学科前沿、艺术史研究、艺术理论研究等。

《艺术学界》已入选南京大学"中文社会科学引文索引"(CSSCI)来源集刊。

中国美术研究

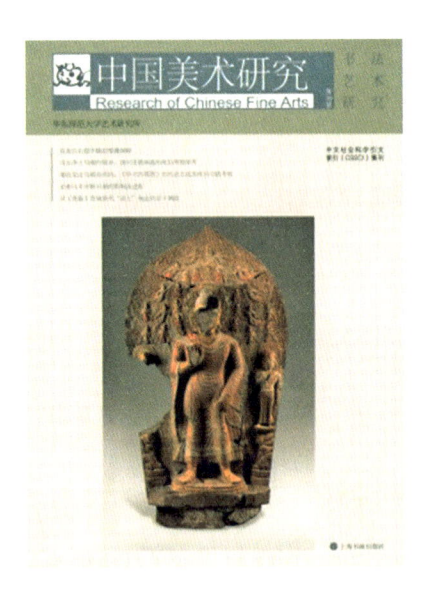

集刊名称：中国美术研究

创刊时间：2006 年

创刊主编：阮荣春

现任主编：阮荣春（华东师范大学）

当前主办单位：华东师范大学艺术研究所

当前出版机构：上海书画出版社

出版总数：40 辑

出版周期：季刊

投稿邮箱：zgmsyj@ yeah. net

通信地址：上海市普陀区中山北路 3663 号华东师范大学干训楼 612 室

《中国美术研究》简介

《中国美术研究》本着学术至上的原则，精心策划艺术专题，邀请国内外知名专家和学术新秀撰写稿件，立足于对中国美术学科开展全面研究，介绍最新学术理论研究成果，展示优秀艺术作品。

《中国美术研究》的常设栏目有：美术理论与批评研究、美术考古研究、宗教美术研究、古代绘画史研究、民国美术研究、美术教育研究、艺术市场研究、艺术设计研究等。

《中国美术研究》已入选南京大学"中文社会科学引文索引"（CSSCI）来源集刊。

中华戏曲

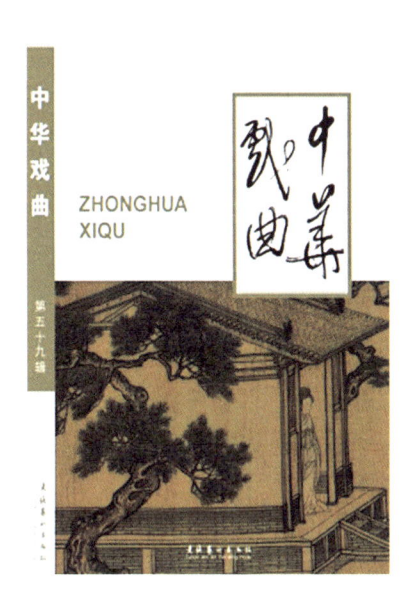

集刊名称：中华戏曲

创刊时间：1986 年

创刊主编：山西师范大学戏曲文物研究所

现任主编：郑雷（中国艺术研究院）、延保全（山西师范大学）

当前主办单位：中国艺术研究院戏曲研究所、山西师范大学戏曲与影视学院

当前出版机构：文化艺术出版社

出版总数：63 辑

出版周期：半年刊

投稿邮箱：zhonghuaxiqu@163.com

通信地址：山西省临汾市尧都区贡院街 1 号山西师范大学戏曲文物研究所《中华戏曲》编辑部

《中华戏曲》简介

《中华戏曲》以公布并研究新发现的戏曲文物、戏曲文献为主，兼顾理论探索与当代戏曲问题的讨论，史论结合，古今兼顾。素以资料翔实、学风严谨著称，是海内外戏剧戏曲学核心集刊之一，是一个能够广泛联系戏曲研究界（包括各地研究机构和高等院校两大系统），对戏曲史研究和当前戏曲革新有积极影响的学术性刊物。

《中华戏曲》主要刊发以下各类研究文章：戏曲文物、文献资料的发掘、整理和研究；戏曲与民俗、宗教等领域的关系及仪式剧研究；高层次的戏曲理论、戏曲美学研究；少数民族戏剧研究；戏曲作家、作品研究；当代戏曲现状与走向研究；等等。

《中华戏曲》已入选南京大学"中文社会科学引文索引"（CSSCI）来源集刊。

中华艺术论丛

集刊名称：中华艺术论丛

创刊时间：2003 年

创刊主编：朱恒夫

现任主编：朱恒夫（上海师范大学）、聂圣哲

当前主办单位：上海师范大学影视传媒学院

当前出版机构：上海大学出版社

出版总数：25 辑

出版周期：年刊

投稿邮箱：xwzx@shnu.edu.cn

通信地址：上海市徐汇区桂林路 100 号上海师范大学影视传媒学院

《中华艺术论丛》简介

　　《中华艺术论丛》刊文主要反映学科最新研究进展、存在的问题以及今后的方向，反映我国艺术领域在基础理论、应用研究和高新技术开发方面的研究，以及艺术研究新思路、新技术、新方法。

　　《中华艺术论丛》的常设栏目有：专题评述、研究论文、研究报告、专题介绍、学术论文简报等。

　　《中华艺术论丛》已入选南京大学"中文社会科学引文索引"（CSSCI）来源集刊。

语言学
Linguistics

第二语言学习研究

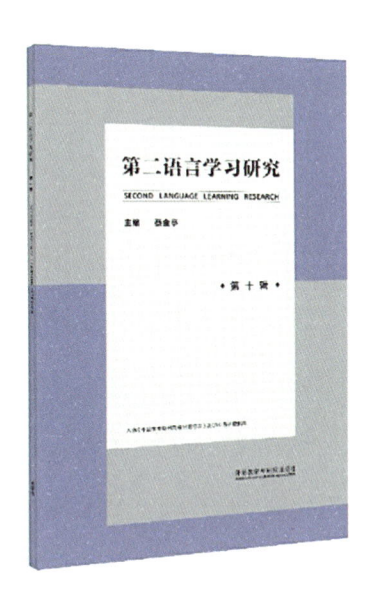

集刊名称：第二语言学习研究

创刊时间：2015 年

创刊主编：王初明

现任主编：蔡金亭（上海财经大学）

当前主办单位：二语习得研究专业委员会

当前出版机构：外语教学与研究出版社

出版总数：13 辑

出版周期：半年刊

投稿邮箱：sllr666@126.com

通信地址：上海市杨浦区国定路 777 号上海财经大学外国语学院《第二语言学习研究》编辑部

《第二语言学习研究》简介

　　《第二语言学习研究》由二语习得研究专业委员会主办，是致力于第二语言学习研究的专业性学术出版物，专门研究人们在学习和使用第二语言时所发生的现象。研究对象涵盖各类二语学习者，既包括儿童，也包括成人；既包括我国的外语学习者，也包括学习汉语的外国人，还包括我国学习汉语的少数民族学习者。特别欢迎有数据支持的实证研究，同时也欢迎针对新理论、新方法、热点问题所撰写的思辨性和综述性论文。

　　《第二语言学习研究》的常设栏目有：研究综述、研究论文、书评等。

东方语言学

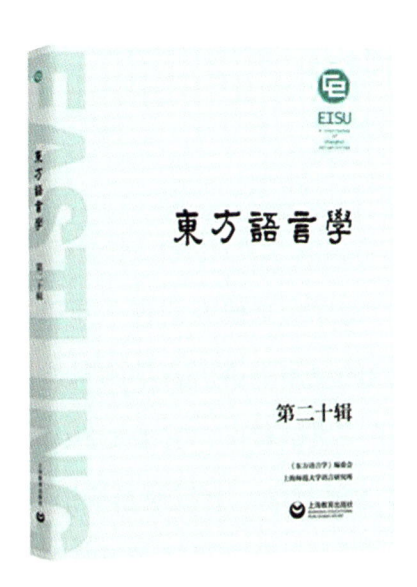

集刊名称：东方语言学

创刊时间：2007 年

创刊主编：潘悟云、陆丙甫

现任主编：潘悟云、陆丙甫（上海师范大学）

当前主办单位：上海师范大学语言研究所

当前出版机构：上海教育出版社

出版总数：22 辑

出版周期：半年刊

投稿邮箱：eastling2010@163.com

通信地址：上海市徐汇区桂林路 100 号上海师范大学语言研究所《东方语言学》编辑部

《东方语言学》简介

《东方语言学》主要以东亚语言为研究对象，其宗旨是用语言学的普遍原理来研究语言，并通过由研究这些语言中的特有现象所得到的规律丰富语言学的普遍原理。本刊为东方语言的研究者提供了一块试验田，它不是封闭的，而是面向世界的。

《东方语言学》刊登对东亚语言的句法、语音、文字、词汇、语义诸问题进行共时描写和历时探讨的研究性论文，同时也刊登包括汉语方言、中国境内的少数民族语言及其他东亚语言在内的调查报告、长篇语料等，也酌情刊登英文稿和译文稿。

对外汉语研究

集刊名称：对外汉语研究

创刊时间：2005 年

创刊主编：齐沪扬

现任主编：齐沪扬（上海师范大学）

当前主办单位：上海师范大学对外汉语学院

当前出版机构：商务印书馆

出版总数：24 辑

出版周期：半年刊

投稿邮箱：dwhyyj@shnu.edu.cn

通信地址：上海市徐汇区桂林路 100 号上海师范大学对外汉语学院

《对外汉语研究》简介

《对外汉语研究》以促进国内外对外汉语教学与研究,及时反映汉语教学与研究领域的最新成果和学术动态,全面提升对外汉语教学界的教学和科研队伍,为学术讨论、研究和理论创新提供平台为宗旨。

《对外汉语研究》的常设栏目有:作为第二语言的汉语本体研究、语言测试研究、语言学习理论、汉语作为第二语言的习得与认知、中外汉语教学的历史与现状、语言文化教学、对外汉语学科教学论、教材建设、对外汉语教育技术、学术评论和学术动态等。

《对外汉语研究》已入选南京大学"中文社会科学引文索引"(CSSCI)来源集刊。

翻译界

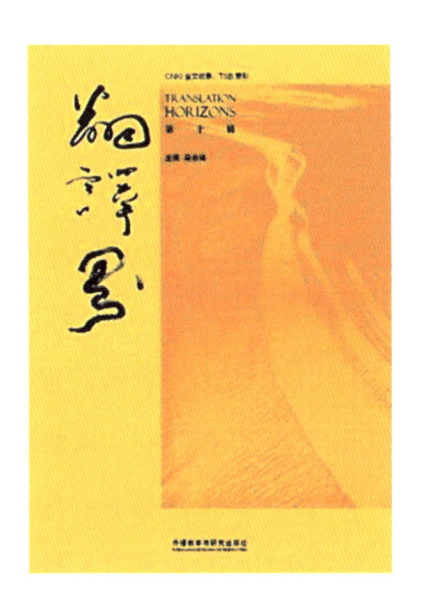

集刊名称：翻译界

创刊时间：2016 年

创刊主编：马会娟

现任主编：马会娟（北京外国语大学）

当前主办单位：北京外国语大学

当前出版机构：外语教学与研究出版社

出版总数：12 辑

出版周期：半年刊

投稿邮箱：bfsuwts@163.com

通信地址：北京市海淀区西三环北路 2 号北京外国语大学英语学院《翻译界》编辑部

《翻译界》简介

《翻译界》主要呈现学术性翻译研究成果，收录与口笔译现象相关的原创性研究成果，包括口笔译理论与实证研究成果等。同时，还关注口笔译教学研究，重视产、学、研三者结合，以行业现状引导翻译教学与研究，以翻译研究促进语言行业的成长。

《翻译界》的常设栏目有：翻译理论研究、翻译教学研究、中外语言文化比较与翻译研究、翻译研究方法、语言行业与翻译技术研究、国外翻译研究动态、口译研究等。

汉藏语学报

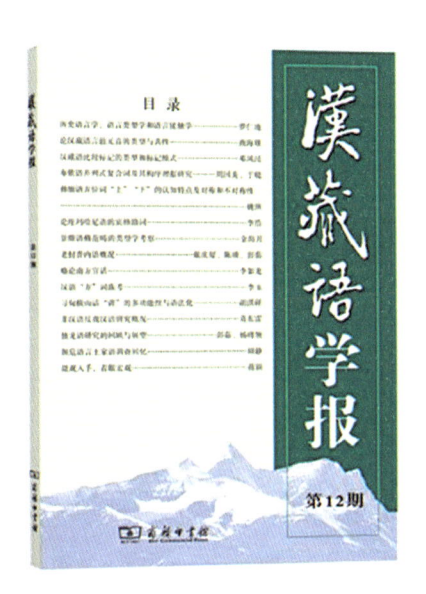

集刊名称：汉藏语学报

创刊时间：2007 年

创刊主编：戴庆厦

现任主编：戴庆厦、罗仁地（中央民族大学）

当前主办单位：中央民族大学

当前出版机构：商务印书馆

出版总数：12 辑

出版周期：年刊

投稿邮箱：hanzangyuxuebao@163.com

通信地址：北京市海淀区中关村南大街 27 号中央民族大学中国少数民族语言与古籍研究所《汉藏语学报》编辑部

《汉藏语学报》简介

　　汉藏语研究，无论是对语言学的理论研究、应用研究，还是对民族学、人类学、社会学、教育学等相关学科的研究，都具有不可替代的重要价值。《汉藏语学报》提倡从语言实际出发，在科学的语言学理论、方法的指导下，探求新的语言规律，并以新认识来丰富、发展、变革原有的语言学积累。《汉藏语学报》的特点是重语料、重方法、重理论建设。

　　《汉藏语学报》的常设栏目有：研究报告、文献综述、简报、专题研究等。

汉日语言对比研究论丛

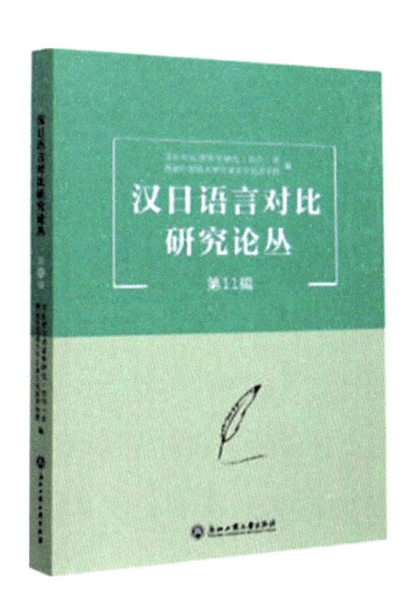

集刊名称：汉日语言对比研究论丛

创刊时间：2010 年

创刊主编：朱京伟

现任主编：林璋

当前主办单位：汉日对比语言学研究（协作）会

当前出版机构：浙江工商大学出版社

出版总数：11 辑

出版周期：年刊

投稿邮箱：iacjclluncong@163.com

通信地址：北京市海淀区上地信息路 22 号汉日对比语言学研究（协作）会

《汉日语言对比研究论丛》简介

《汉日语言对比研究论丛》的宗旨是团结国内外的汉日语言对比研究者，促进汉日语言对比研究的交流与合作；把语言的对比研究和日语、汉语教学界已经蓬勃开展的二语习得研究结合起来，为提高日语教学和对日汉语教学的水平贡献力量。《汉日语言对比研究论丛》所刊论文体现了当前汉日对比的最新学术成果。

《汉日语言对比研究论丛》的常设栏目有：特约论文、词汇研究、句法研究、语料库研究、偏误研究、语用研究和认知研究等。

汉语史学报

集刊名称：汉语史学报

创刊时间：2000 年

创刊主编：王云路

现任主编：王云路（浙江大学）

当前主办单位：浙江大学汉语史研究中心

当前出版机构：上海教育出版社

出版总数：25 辑

出版周期：半年刊

投稿邮箱：hysxb@zju.edu.cn

通信地址：浙江省杭州市西湖区天目山路 148 号浙江大学汉语史研究中心

《汉语史学报》简介

《汉语史学报》主要刊登国内外研究汉语史的学术论文、书评等,包括语法、词汇、语音、文献等方面,尤其注重将上古汉语、中古汉语和近代汉语进行打通研究,或将汉语史与现代汉语及方言进行比较研究,提倡在充分掌握语言事实的基础上揭示规律、探讨理论,强调原创性。

《汉语史学报》刊发的学术论文集中在古汉语文字、音韵方言、词汇训诂、语法等四方面,每辑论文按此四方面归类,不设具体栏目。

《汉语史学报》已入选南京大学"中文社会科学引文索引"(CSSCI)来源集刊。

汉语史研究集刊

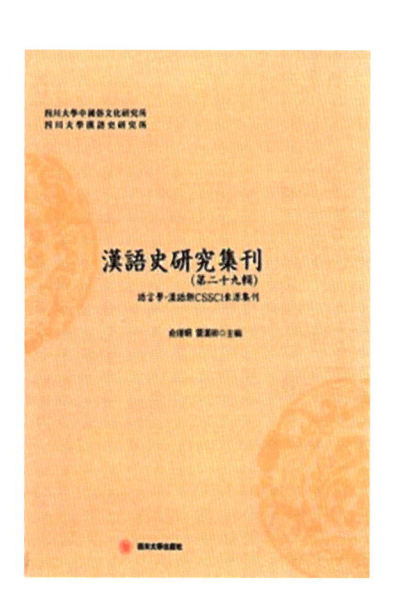

集刊名称：汉语史研究集刊

创刊时间：1998 年

现任主编：俞理明、雷汉卿（四川大学）

当前主办单位：四川大学中国俗文化研究所、四川大学汉语史研究所

当前出版机构：四川大学出版社

出版总数：31 辑

出版周期：半年刊

投稿邮箱：hanyus98@163.com

通信地址：四川省成都市武侯区一环路南一段 24 号四川大学文科楼《汉语史研究集刊》编辑部

《汉语史研究集刊》简介

《汉语史研究集刊》倡导在扎实语料的基础上探求语言现象产生的原因和演变规律,提倡微观与宏观相结合的研究方法;在继承传统语言学遗产的基础上,借鉴和吸收现代语言学的理论和方法;在拓宽典籍语料研究领域的同时,既注意出土文献和现代活的语言学资料,又广泛汲取相关学科的研究成果;也适量刊登国外已经发表但具有重要借鉴价值的文章的译文。希望在拓宽典籍语料研究领域的同时,关注出土文献和现代活的语言资料。

《汉语史研究集刊》已入选南京大学"中文社会科学引文索引"(CSSCI)来源集刊。

话语研究论丛

集刊名称：话语研究论丛

创刊时间：2015 年

创刊主编：田海龙

现任主编：田海龙（天津外国语大学）

当前主办单位：天津外国语大学语言符号应用传播研究中心

当前出版机构：南开大学出版社

出版总数：9 辑

出版周期：年刊

投稿邮箱：thailong@163.com

通信地址：天津市河西区马场道 117 号《天津外国语大学学报》编辑部

《话语研究论丛》简介

《话语研究论丛》为中国英汉语比较研究会话语研究专业委员会（原中国话语研究会）会刊，是一个从事话语研究的学者交流学术研究成果的平台。编委会主任为辛斌教授，主编为田海龙教授。

《话语研究论丛》注重学术思想的原创性、学术行为的规范性和学术研究的跨学科性。欢迎语言学分析充分、社会关切深刻的研究论文，以及内容丰富、论证严谨的评论和综述文章，与话语研究相关的书评也在发表之列。

跨语言文化研究

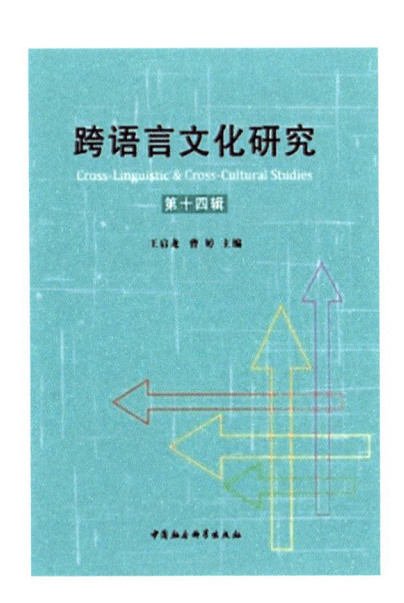

集刊名称：跨语言文化研究

创刊时间：2005 年

创刊主编：张京鱼

现任主编：王启龙（陕西师范大学）

当前主办单位：陕西师范大学外国语学院

当前出版机构：中国社会科学出版社

出版总数：15 辑

出版周期：年刊

投稿邮箱：sdwyzz@126.com

通信地址：陕西省西安市雁塔区长安南路 199 号陕西师范大学教学六楼《跨语言文化研究》编辑部

《跨语言文化研究》简介

《跨语言文化研究》涵盖中国语言文学和外国语言文学，不仅是这两个学科之综合，而且极具边缘交叉学科之特性。它与哲学、人类学、社会学、交际学、心理学、教育学等学科有着千丝万缕的联系，因此除了语言学和文学这两大支柱学科之外，还涉及语言哲学、语用学、修辞学、文体学、翻译学、社会语言学、心理语言学、认知语言学、跨文化交际学、人类文化学以及语言教学等学科方向。

《跨语言文化研究》的常设栏目有：语言与文化、文学与文化、翻译与文化、语言与教学、文化与教学等。

历史语言学研究

集刊名称：历史语言学研究

创刊时间：2008 年

创刊主编：曹广顺

现任主编：杨永龙（中国社会科学院）

当前主办单位：中国社会科学院语言研究所

当前出版机构：商务印书馆

出版总数：14 辑

出版周期：半年刊

投稿邮箱：lsyyx@ cass. org. cn

通信地址：北京市东城区建国门内大街 5 号中国社会科学院语言研究所历史语言学研究二室

《历史语言学研究》简介

《历史语言学研究》旨在为国内外历史语言学界提供一个高水平的学术交流平台,以便更好地推进汉语历史语言学的发展,主要发表原创性的历史语言学及相关专业的学术论文,实行双向匿名审稿制,在学界产生了较大影响。

创刊以来,《历史语言学研究》得到海内外专家学者的大力支持,陆续刊发了国内外一些重要学者的重要文章。《历史语言学研究》由本学科研究人员组稿编辑,并聘请海内外若干重要学者担任顾问和编委。

《历史语言学研究》已入选南京大学"中文社会科学引文索引"(CSSCI)来源集刊。

励耘语言学刊

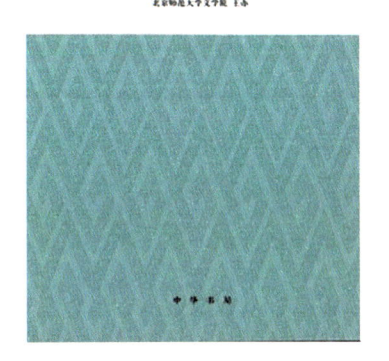

集刊名称：励耘语言学刊

创刊时间：2005 年

创刊主编：李运富

现任主编：李国英（北京师范大学）

当前主办单位：北京师范大学文学院

当前出版机构：中华书局

出版总数：34 辑

出版周期：半年刊

投稿邮箱：liyunyuyan@126.com

通信地址：北京市海淀区新街口外大街 19 号北京师范大学文学院《励耘语言学刊》编辑部

《励耘语言学刊》简介

《励耘语言学刊》是北京师范大学文学院主办的学术集刊，旨在继承、弘扬中国传统语言文字学的理论、方法和求实的学风，积极吸取现代语言学的最新成果，关注新兴学科的发展和语言文字的社会应用，追求学术真理，提倡探索创新。

《励耘语言学刊》的常设栏目有：特稿、文字学研究、音韵学研究、训诂学研究、汉语史研究、《说文》学研究、章黄学术研究、现代汉语研究、语法研究、词汇语义学研究、语言学理论研究、方言调查与研究、学术动态等。

《励耘语言学刊》已入选南京大学"中文社会科学引文索引"（CSSCI）来源集刊。

民俗典籍文字研究

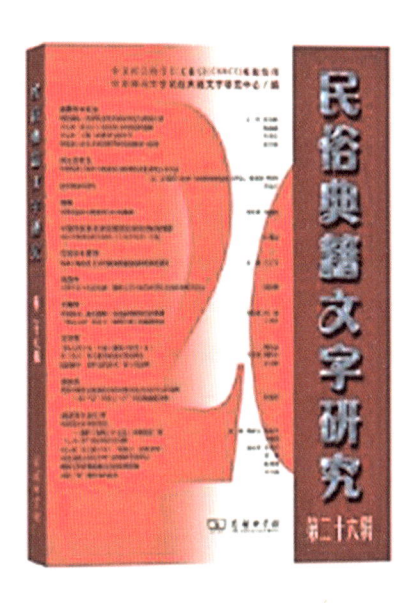

集刊名称：民俗典籍文字研究

创刊时间：2003 年

现任主编：王宁（北京师范大学）

当前主办单位：北京师范大学民俗典籍文字研究中心

当前出版机构：商务印书馆

出版总数：27 辑

出版周期：半年刊

投稿邮箱：bnumindianwen@126.com

通信地址：北京市海淀区新街口外大街 19 号北京师范大学主楼 B 区 101 室《民俗典籍文字研究》编辑部

《民俗典籍文字研究》简介

《民俗典籍文字研究》旨在发挥北京师范大学民俗典籍文字研究中心的学科优势，设立具有专业特色和学科优势的栏目，主要发表民俗学、民间文学、文献学、文字学、训诂学、词汇学、语法学、音韵学和词典编撰等方面的学术论文。推出的学术文章重视几个标准：学科和课题性须在继承的基础上推进传统学科在当代的改造以求学术的发展和新生，学术眼光必须具有时代性和前瞻性，思想和理论具有创新性，材料的搜集、观察和分析重视视角的独特、犀利和准确，方法重视科学性和推理逻辑的严密性。

《民俗典籍文字研究》的常设栏目有：文字学、文献学、民俗学、训诂学、词汇学、音韵学等。

《民俗典籍文字研究》已入选南京大学"中文社会科学引文索引"（CSSCI）来源集刊。

南开语言学刊

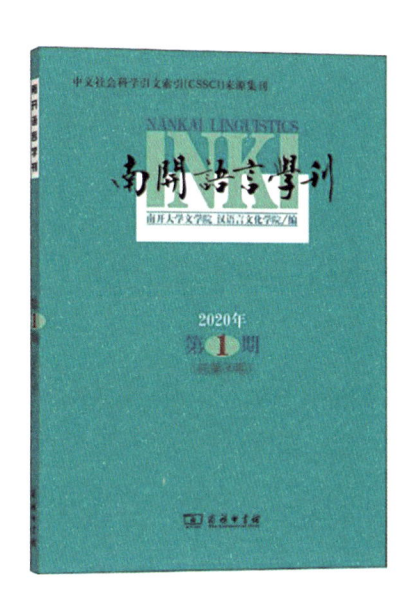

集刊名称：南开语言学刊

创刊时间：2002 年

创刊主编：马庆株、石锋

现任主编：冉启斌（南开大学）

当前主办单位：南开大学文学院、南开大学汉语言文化学院

当前出版机构：商务印书馆

出版总数：38 期

出版周期：半年刊

投稿页面：nkyk.cbpt.cnki.net

通信地址：天津市南开区卫津路 94 号南开大学汉语言文化学院《南开语言学刊》编辑部

《南开语言学刊》简介

《南开语言学刊》的办刊宗旨是促进语言学各分支学科间的交流，促进语言学科国内外同行间的学术交流，使语言学研究与时俱进，基础研究与应用研究并重，既要视野开阔，高瞻远瞩，又要脚踏实地，具体而微，以解决汉语和其他语言在教学与研究中的实际问题。

《南开语言学刊》的常设栏目有：语音、语法、词汇与文字、述评、语音与音韵、词汇、特稿、词汇文字等。

《南开语言学刊》已入选南京大学"中文社会科学引文索引"（CSSCI）来源集刊。

文献语言学

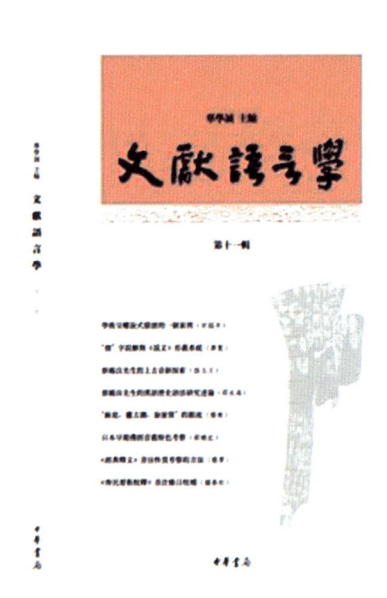

集刊名称：文献语言学

创刊时间：2015 年

创刊主编：华学诚

现任主编：华学诚（北京语言大学）

当前主办单位：北京语言大学文献语言学研究所

当前出版机构：中华书局

出版总数：13 辑

出版周期：半年刊

投稿邮箱：wxyyx15@blcu.edu.cn

通信地址：北京市海淀区学院路 15 号北京语言大学人文社科学部《文献语言学》编辑部

《文献语言学》简介

《文献语言学》旨在立足事实分析语文现象，依据文献研究汉语历史，贯通古今探索演变规律，融会中外构建学科理论，凝聚队伍成就学术流派。注重出土文献、传世文献包括海外汉籍的挖掘与利用，刊发原创性研究作品。

《文献语言学》主要刊发文献语言学理论与方法、汉字与汉字史、训诂与词汇史、音韵与语音史、语法与语法史、方俗语与方言史、语文与语言学史等研究领域的最新成果。

《文献语言学》已入选南京大学"中文社会科学引文索引"（CSSCI）来源集刊。

西域历史语言研究集刊

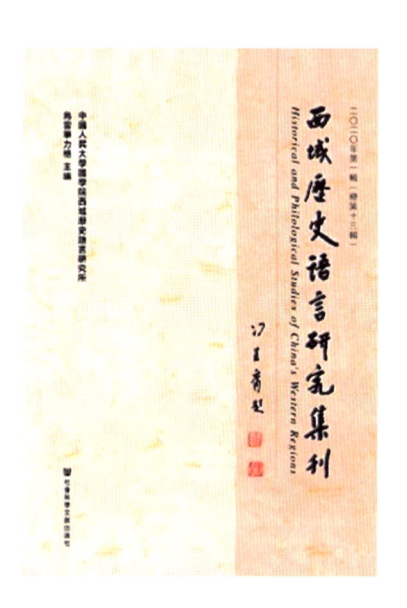

集刊名称：西域历史语言研究集刊

创刊时间：2007 年

创刊主编：沈卫荣

现任主编：乌云毕力格（中国人民大学）

当前主办单位：中国人民大学国学院西域历史语言研究所

当前出版机构：社会科学文献出版社

出版总数：13 辑

出版周期：半年刊

投稿邮箱：xiyulishiyuyan@163.com

通信地址：北京市海淀区中关村大街 59 号中国人民大学国学馆 118 室

《西域历史语言研究集刊》简介

《西域历史语言研究集刊》以刊登国内外学者关于中国西北边疆地区以及中央欧亚地区民族历史、语言、考古、地理、宗教等方面的最新研究成果为主要宗旨,发表具有原创性的学术研究论文、书评和研究综述等,研究成果覆盖了蒙古学、满学、西藏学、回鹘学、西夏学等领域,跨越并整合了语言、历史、考古、地理、艺术、文学及宗教等多种学科,以期推动国内学界在西域和中央欧亚历史语言研究方面的进步。

《西域历史语言研究集刊》的主要研究内容包括中国边疆民族地区各少数民族的语言研究、历史研究、地理研究和宗教文化研究等。

亚太跨学科翻译研究

集刊名称：亚太跨学科翻译研究

创刊时间：2015 年

创刊主编：罗选民

现任主编：罗选民（清华大学）

当前主办单位：中国英汉语比较研究会、广西大学外国语学院、亚太地区翻译与跨文化论坛、清华大学翻译与跨学科研究中心

当前出版机构：五洲传播出版社

出版总数：11 辑

出版周期：半年刊

投稿邮箱：fanyi_yanjiu@163.com

《亚太跨学科翻译研究》简介

《亚太跨学科翻译研究》旨在为译界的学者们提供一个展示亚太地区翻译研究成果的学术交流平台，增强亚太地区翻译实践工作者和理论学者们的文化自觉意识，推动该地区翻译研究的发展和以翻译为媒介的文化输出，并最终促进东西方文化的交流。集刊将展示亚太地区翻译研究领域最新的重要成果，涵盖人文与社会科学研究的诸多领域，如文学、语言学、历史学、艺术学、媒体与传播学、文化研究、政治学、国际关系学、社会学以及人类学等，力图从跨学科的角度呈现亚太地区翻译与跨文化交流的真实概貌。

《亚太跨学科翻译研究》的常设栏目有：理论探讨、案例分析、翻译的文化记忆、翻译批评与鉴赏、翻译学术动态等。

英语研究

集刊名称：英语研究

创刊时间：2002 年

创刊主编：熊沐清

现任主编：董洪川（四川外国语大学）

当前主办单位：四川外国语大学

当前出版机构：上海交通大学出版社

出版总数：14 辑

出版周期：半年刊

投稿邮箱：yyyjbjb@163.com

通信地址：重庆市沙坪坝区烈士墓壮志路 33 号四川外国语大学《英语研究》编辑部

《英语研究》简介

《英语研究》是以英语为专门研究对象的学术性出版物，坚持提升学术品位、提倡严谨学风、倡导创新精神的宗旨，强调论文的学术性、前沿性和创新性，鼓励广大学者介绍和研究国内外先进理论。

《英语研究》常设语言研究、文学与文化研究、翻译研究、教学研究等栏目，另外还开辟学术访谈、叙事学研究、比较文学研究、国别文学研究、海外译稿、测试学研究、三语习得研究、语料库研究、教材研究、双语教育研究等特色专栏。

《英语研究》已入选南京大学"中文社会科学引文索引"（CSSCI）来源集刊。

语言规划学研究

集刊名称：语言规划学研究

创刊时间：2015 年

创刊主编：李宇明

现任主编：李宇明（北京语言大学）

当前主办单位：北京语言大学

当前出版机构：中国社会科学出版社

出版总数：11 辑

出版周期：半年刊

投稿邮箱：yyghxyj@blcu.edu.cn

通信地址：北京市海淀区学院路 15 号北京语言大学语言科学院语言政策与标准研究所《语言规划学研究》编辑部

《语言规划学研究》简介

　　《语言规划学研究》是语言规划学科的重要刊物，内容涉及语言政策与语言规划理论、语言文字规范标准、国际组织及国别语言政策、世界语言教育、中国历代语言规划、语言生活与语言生态等领域的研究成果，旨在为社会语言学、语言规划学等学科的专家学者提供一个学术交流、成果共享的平台。

　　《语言规划学研究》的刊文范围包括：语言文字规范标准研究、少数民族语文应用研究、语言政策与语言规划研究、语言生活调查研究等。

语言历史论丛

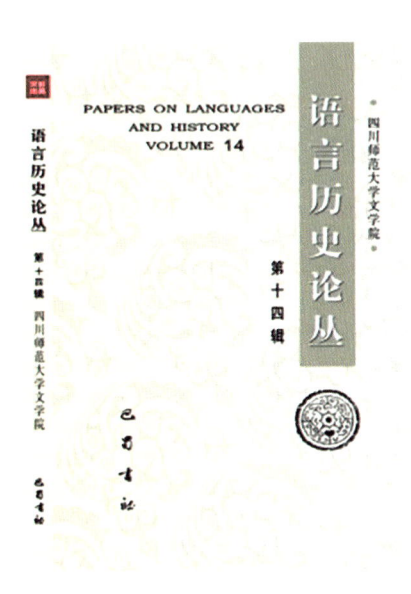

集刊名称：语言历史论丛

创刊时间：2007 年

创刊主编：周及徐

现任主编：周及徐（四川师范大学）

当前主办单位：四川师范大学文学院

当前出版机构：巴蜀书社

出版总数：17 辑

出版周期：半年刊

投稿邮箱：yylslc@sicnu.edu.cn

通信地址：四川省成都市锦江区静安路 5 号四川师范大学《语言历史论丛》编辑部

《语言历史论丛》简介

《语言历史论丛》是关于历史语言学的学术集刊，由四川师范大学文学院主办，每年出版两辑。

《语言历史论丛》主要刊登语言学（特别是中国西南地区历史语言）及相关学科的学术论文，包括中文稿、英文稿及其他语言汉译稿，内容涉及文字、音韵、训诂、语法、方言调查报告以及语言学研究理论等方面。

语言学论丛

集刊名称：语言学论丛

创刊时间：1956年

创刊主编：王力

现任主编：王洪君（北京大学）

当前主办单位：北京大学中国语言学研究中心

当前出版机构：商务印书馆

出版总数：63辑

出版周期：半年刊

投稿邮箱：luncong@pku.edu.cn

通信地址：北京市海淀区颐和园路5号北京大学中国语言学研究中心《语言学论丛》编辑部

《语言学论丛》简介

  《语言学论丛》提倡具体语言研究与理论探索相结合，汉语的本体研究与应用研究相结合，汉语的共时研究与历时研究相结合，标准语研究与方言研究相结合，汉语与少数民族语研究相结合，以此来推进21世纪中国语言学的发展，使中国语言学在国际学术界具有更大的影响力。《语言学论丛》恪守学术自由的原则，鼓励学术争鸣。

  《语言学论丛》主要刊登海内外有关语言学与应用语言学、汉语言文字学、中国少数民族语言文字学等方面的学术论文，以及上述领域的严肃学术评论。

  《语言学论丛》已入选南京大学"中文社会科学引文索引"（CSSCI）来源集刊。

语言学研究

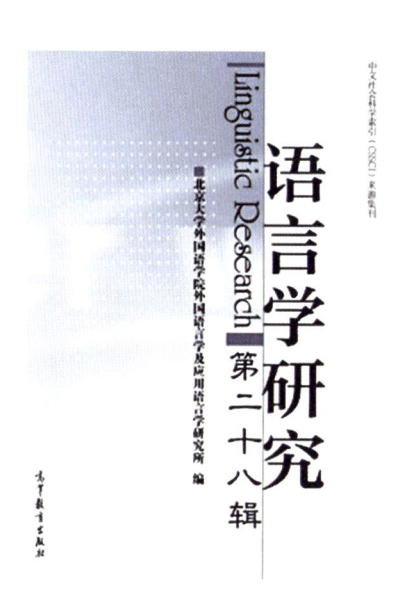

集刊名称：语言学研究

创刊时间：2002 年

创刊主编：北京大学外国语学院语言学研究所

现任主编：高一虹（北京大学）

当前主办单位：北京大学外国语学院

当前出版机构：高等教育出版社

出版总数：29 辑

出版周期：半年刊

投稿邮箱：ling_research@126.com

通信地址：北京市海淀区颐和园路 5 号北京大学外国语学院外国语言学及应用语言学研究所《语言学研究》编辑部

《语言学研究》简介

《语言学研究》旨在为广大语言学研究者提供发表见解、探讨各种学术问题的场所。来稿可对现有语言学研究进行梳理、评述，对学科发展提出设想，或者以理论为指导对某个文本/话语片断进行描述、展开实证研究等。《语言学研究》鼓励投稿者能就各种学术问题展开争鸣，提出新的观点、新的理论模式，以进一步推动语言学科的健康发展。

《语言学研究》的常设栏目有：语言学理论研究、具体语言研究、语言对比研究、语言应用研究、书评等。

《语言学研究》已入选南京大学"中文社会科学引文索引"（CSSCI）来源集刊。

语言研究集刊

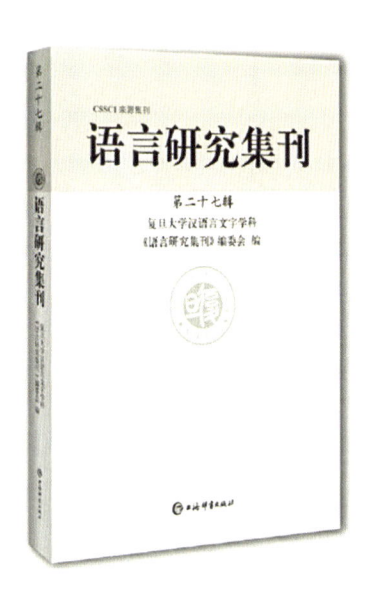

集刊名称：语言研究集刊

创刊时间：1987 年

创刊主编：李振麟

现任主编：陈忠敏（复旦大学）

当前主办单位：复旦大学汉语言文字学科

当前出版机构：上海辞书出版社

出版总数：28 辑

出版周期：半年刊

投稿邮箱：yuyanxue@fudan.edu.cn

通信地址：上海市杨浦区邯郸路 220 号复旦大学中文系《语言研究集刊》编辑部

《语言研究集刊》介绍

  《语言研究集刊》秉承学术的严肃性、规范性，刊布中国境内语言研究的最新成果，其中汉语研究中的理论、方法是本刊的重点内容。

  《语言研究集刊》的常设栏目有：语言理论、句法研究、语音研究、语义研究、方言研究、历史语言学研究、文字研究等。

  《语言研究集刊》已入选南京大学"中文社会科学引文索引"（CSSCI）来源集刊。

韵律语法研究

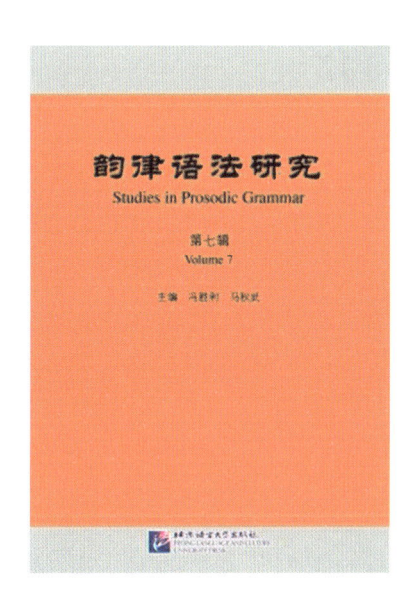

集刊名称：韵律语法研究

创刊时间：2016 年

创刊主编：冯胜利

现任主编：冯胜利（北京语言大学）、马秋武（复旦大学）

当前主办单位：北京语言大学

当前出版机构：北京语言大学出版社

出版总数：8 辑

出版周期：半年刊

投稿邮箱：prosodicgrammar@ blcu. edu. cn

通信地址：北京市海淀区学院路 15 号北京语言大学综合楼 1128 室

《韵律语法研究》简介

《韵律语法研究》以韵律语法为主题,不仅关注韵律学、韵律构词学、韵律句法学的研究,同时对其他与韵律相关的语言现象也给予关注和研究,如韵律诗体学、韵律语体学、韵律文学、韵律与音乐、韵律语法的习得与教学等。

《韵律语法研究》注重韵律语法的理论与实践研究,同时设有"材料与观点"和"书评"栏目。

中国 ESP 研究

集刊名称：中国 ESP 研究

创刊时间：2010 年

创刊主编：孙有中

现任主编：孙有中（北京外国语大学）

当前主办单位：北京外国语大学

当前出版机构：外语教学与研究出版社

出版总数：25 辑

出版周期：季刊

投稿邮箱：chinesejournalesp@163.com

《中国ESP研究》简介

《中国ESP研究》是中国外语界第一本致力于专门用途英语理论与教学研究的学术出版物，主要发表有关专门用途英语的理论与教学实践研究成果，内容涉及专门用途英语的课程设计、开发与评价研究，教学模式与教学方法研究，测试研究，教材研究，网络资源开发与使用研究，教师发展研究，职业需求分析，等等。

《中国ESP研究》的常设栏目有：理论探索、语言研究、课程研究、教学研究、教材研究、翻译研究及学术前沿等。

中国外语研究

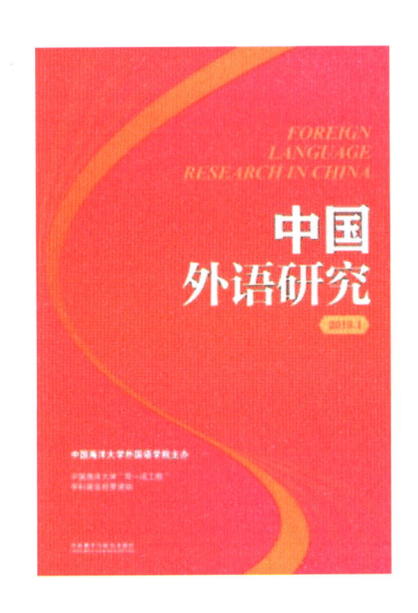

集刊名称：中国外语研究

创刊时间：2014 年

创刊主编：杨连瑞

现任主编：杨连瑞

当前主办单位：中国海洋大学外国语学院

当前出版机构：外语教学与研究出版社

出版总数：8 辑

出版周期：年刊

投稿邮箱：flwchina@126.com

通信地址：山东省青岛市崂山区松岭路 238 号中国海洋大学外国语学院《中国外语研究》编辑部

《中国外语研究》简介

《中国外语研究》是中国海洋大学外国语学院会同国内多所高校外国语学院结集出版的外语研究类学术集刊。

《中国外语研究》汇聚国内领军学者的审稿智慧,刊登本学科最新研究成果,由语言学理论与应用、国别文学与文化、翻译理论与批评、国际商务语言与文化和外语教育教学五个板块组成,每个板块下设不同的专栏。语言学理论与应用板块下设二语习得、认知语用学、心理语言学、语言哲学研究等;国别文学与文化板块包括英美文学、日本文学、法国文学、韩国文学、德国文学研究等;翻译理论与批评板块包括宗教翻译、名著翻译、文类翻译研究等;国际商务语言与文化板块包括国际商务语言学、国际商务翻译学、国际商务跨文化研究等;外语教育教学板块包括大学外语教学、专业外语教学等。

中国文字研究

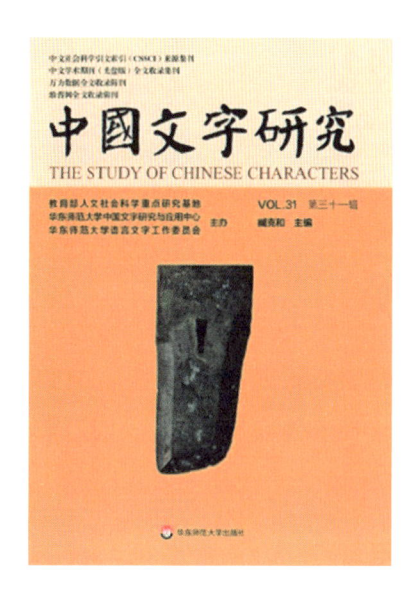

集刊名称：中国文字研究

创刊时间：1999 年

创刊主编：臧克和

现任主编：臧克和（华东师范大学）

当前主办单位：华东师范大学语言文字工作委员会

当前出版机构：华东师范大学出版社

出版总数：34 辑

出版周期：半年刊

投稿邮箱：zgwzyjsh@sina.com

通信地址：上海市闵行区东川路 500 号华东师范大学文史哲楼中文系收转《中国文字研究》编辑部

《中国文字研究》简介

《中国文字研究》以为文字学及相关领域研究者提供良好服务、推动以汉字为核心的表意文字体系学科建设、及时发布海内外学人的重要研究成果和建立高水平学术交流平台为宗旨,以此推动中国文字本体研究和跨学科研究的繁荣发展。

《中国文字研究》的常设栏目有:文字研究、中古汉字研究、现代汉字研究、汉字数字化研究、汉字规范与应用研究、文字理论研究、古代语料文献研究、各类少数民族文字研究、海外汉字研究、对外汉字汉语教学研究等。

《中国文字研究》已入选南京大学"中文社会科学引文索引"(CSSCI)来源集刊。

中国语言战略

集刊名称：中国语言战略

创刊时间：2012 年

创刊主编：徐大明、王铁琨

现任主编：陈新仁、徐大明（南京大学）

当前主办单位：南京大学中国语言战略研究中心

当前出版机构：南京大学出版社

出版总数：16 辑

出版周期：半年刊

投稿邮箱：yujinen@yahoo.cn

通信地址：江苏省南京市鼓楼区汉口路 22 号南京大学中国语言战略研究中心

《中国语言战略》简介

《中国语言战略》积极推动语言规划和语言政策的理论研究，促进适应中国国情的语言规划理论和语言规划学科的产生，主要关注中国社会所面临的种种语言问题，以及这些语言问题在政治、经济、教育、文化等领域产生的影响。《中国语言战略》强调运用科学的方法，对语言现象和语言生活进行描写、分析和解释，在引进和借鉴国外理论与经验的同时，以中国语言规划的实践和研究丰富和发展语言规划学的理论与方法。

《中国语言战略》的常设栏目有：言语社区、语言变异、公共卫生语言研究、日本语言规划、语言政策、城市语言调查、社会语言学史、读书笔记等。

《中国语言战略》已入选南京大学"中文社会科学引文索引"（CSSCI）来源集刊。

中国文学
Chinese Literature

阿来研究

集刊名称：阿来研究

创刊时间：2014 年

创刊主编：陈思广

现任主编：陈思广（四川大学）

当前主办单位：四川大学阿来研究中心

当前出版机构：四川大学出版社

出版总数：15 辑

出版周期：半年刊

投稿邮箱：alaiyanjiu@163.com

通信地址：四川省成都市武侯区望江路 29 号四川大学文科楼 3 楼阿来研究中心《阿来研究》编辑部

《阿来研究》简介

《阿来研究》以马列主义、毛泽东思想、邓小平理论和"三个代表"重要思想为指导，全面贯彻党的教育方针和"双百"方针，理论联系实际，开展教育科学研究和学科基础理论研究，交流科技成果，促进科研工作的发展，为教育改革和社会主义现代化建设做出贡献。

《阿来研究》主要分六大板块：阿来创作研究、藏地文学研究、藏地民间文学研究、比较影响研究、当代其他少数民族著名作家及其创作研究、四川当代著名作家作品研究。

《阿来研究》已入选南京大学"中文社会科学引文索引"（CSSCI）来源集刊。

词学

集刊名称：词学

创刊时间：1981 年

创刊主编：夏承焘、唐圭璋、施蛰存、马兴荣、王洪君

现任主编：马兴荣、朱愿国、方智范、高建中（华东师范大学）

当前主办单位：华东师范大学中文系

当前出版机构：华东师范大学出版社

出版总数：46 辑

出版周期：半年刊

投稿邮箱：cixue1981@126.com

通信地址：上海市闵行区东川路 500 号华东师范大学中文系《词学》编辑部

《词学》简介

《词学》旨在为海内外专业词学研究者提供发表研究成果的园地，以利大家互相商榷、互相切磋、互通信息、互为补益，共同推动研究，繁荣词学。坚持走专业化、精品化的路子，在积极扶植青年学者的同时，重点发表老一辈学者以及日本、韩国等海外学者的最新研究成果。

《词学》的常设栏目有：词苑、论述、论词书札、文献、丛谈、图版、年谱、书志、海外词坛、词坛漫步等。

《词学》已入选南京大学"中文社会科学引文索引"（CSSCI）来源集刊。

长安学术

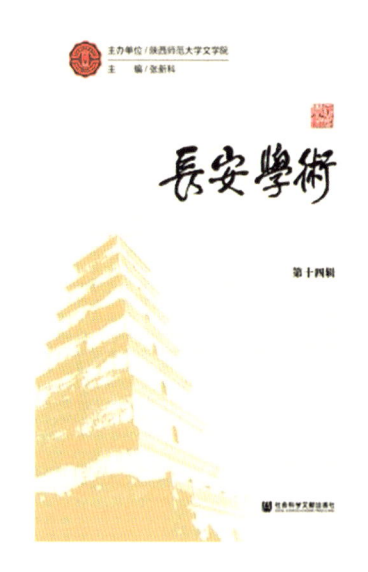

集刊名称：长安学术

创刊时间：2010 年

创刊主编：陕西师范大学文学院

现任主编：张新科（陕西师范大学）

当前主办单位：陕西师范大学文学院

当前出版机构：社会科学文献出版社

出版总数：16 辑

出版周期：半年刊

投稿邮箱：changanxueshu@163.com

通信地址：陕西省西安市长安区长安街 620 号陕西师范大学文学院《长安学术》编辑部

《长安学术》简介

《长安学术》坚持发挥古都地域优势、突出长安文化特色、传播学术研究信息、促进学科建设发展的宗旨，辑录国内外具有原创性的论著，以凸显长安文化为主要特色，同时关注中国语言文学各学科及相关学科的最新研究进展和前沿动态。

《长安学术》的常设栏目有：中国古代文学研究、中国现当代文学研究、文艺学研究、比较文学与世界文学研究、汉语言文字学研究、语言学及应用语言学研究、汉语国际传播与推广、文献学研究、海外汉学研究、教育教学、书评/书序、译介等。

古代文学理论研究

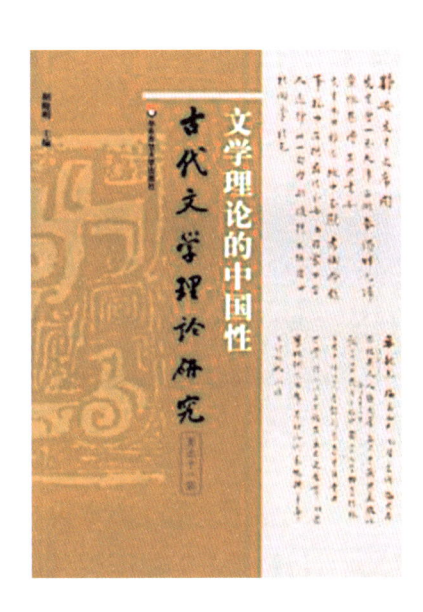

集刊名称：古代文学理论研究

创刊时间：1979 年

创刊主编：中国古代文学理论学会

现任主编：胡晓明（华东师范大学）

当前主办单位：华东师范大学中文系

当前出版机构：华东师范大学出版社

出版总数：53 辑

出版周期：半年刊

投稿邮箱：gudaiwenlun1979@126.com

通信地址：上海市闵行区东川路 500 号华东师范大学中文系《古代文学理论研究》编辑部

《古代文学理论研究》简介

《古代文学理论研究》致力于发掘和整理中国古代极为丰富的文学理论资源,寻找中国古代文学思想的民族特色与重要传统,努力培养中国文学的研究人才,呼唤建设有中国特色的文学理论体系。

《古代文学理论研究》的常设栏目有:文论、诗学、中国文体学、文献、思想、学术史等。

《古代文学理论研究》已入选南京大学"中文社会科学引文索引"(CSSCI)来源集刊。

古典文献研究

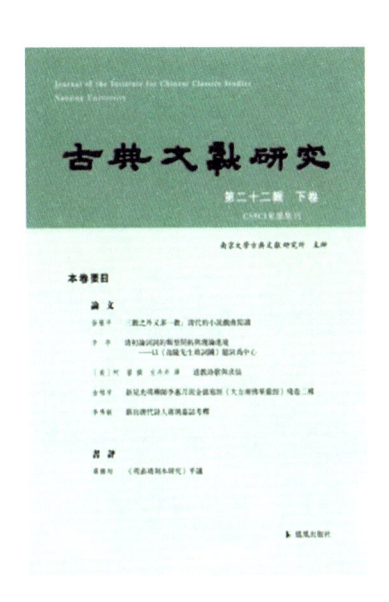

集刊名称：古典文献研究

创刊时间：1989 年

创刊主编：周勋初

现任主编：程章灿（南京大学）

当前主办单位：南京大学古典文献研究所

当前出版机构：凤凰出版社

出版总数：24 辑

出版周期：半年刊

投稿邮箱：classics@nju.edu.cn

通信地址：江苏省南京市栖霞区仙林大道 163 号南京大学文学院《古典文献研究》编辑部

《古典文献研究》简介

《古典文献研究》主要登载以古典文献为中心而展开的各种专门性研究成果，包括各种传统学术问题的研究论文、书评、研究综述等，同时也刊发各种重要的史料整理、文献考证、校勘订补等研究成果。《古典文献研究》始终秉承义理、考据、文章三者结合的原则，倡导考据精深、视角新颖、阐释独特的学术方向，尤其期望提出新理论、实践新方法、开辟新领域的各种专深研究。

《古典文献研究》的常设栏目有：文史新研、文献考证、文学及文学文献研究、文献文化史研究等。

《古典文献研究》已入选南京大学"中文社会科学引文索引"（CSSCI）来源集刊。

国际中国文学研究丛刊

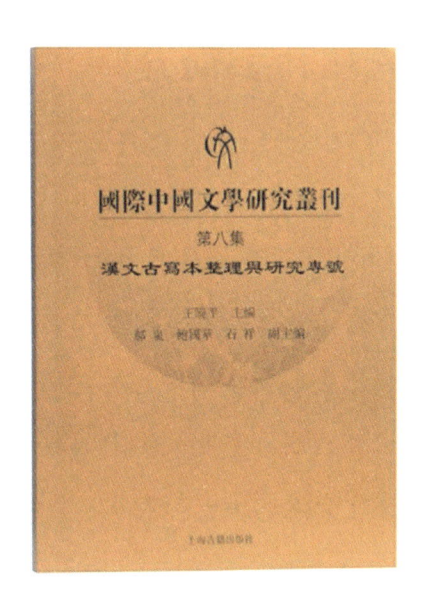

集刊名称：国际中国文学研究丛刊

创刊时间：2011 年

创刊主编：王晓平

现任主编：王晓平（天津师范大学）

当前主办单位：天津师范大学国际中国文学研究中心

当前出版机构：上海古籍出版社

出版总数：10 辑

出版周期：半年刊

投稿邮箱：wxp_tj@126.com

通信地址：天津市西青区宾水西道 393 号天津师范大学国际中国文学研究中心

《国际中国文学研究丛刊》简介

  《国际中国文学研究丛刊》为天津师范大学国际中国文学研究中心主办,并得到天津师范大学社会科学处资助,旨在推进中国文学(以古典文学为中心)之跨文化、跨学科研究。《国际中国文学研究丛刊》主要关注中国散佚而存诸国外的文学史料,揭示跨境文化交流的历史与现状,且适当提供各国研究之最新理论和动向。

  《国际中国文学研究丛刊》的常设栏目有:国际中国文学研究论坛、中国文学的流变与传播、国外中国文学文献研究、对外传播研究、对外翻译研究、学术交流史研究、国外研究评论、世界汉学家研究、亚洲汉文学研究、书评等。

华文文学评论

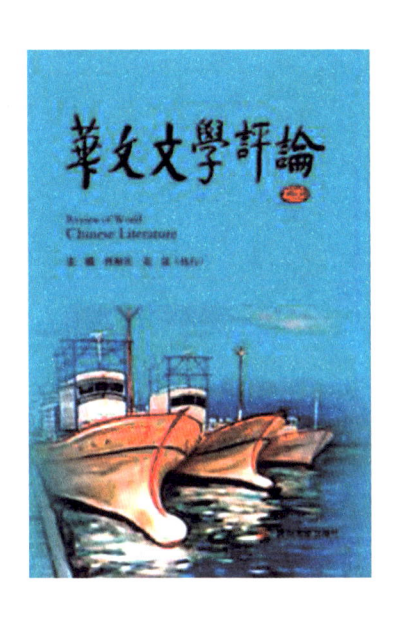

集刊名称：华文文学评论

创刊时间：2013 年

创刊主编：曹顺庆、张放

现任主编：曹顺庆、张放（四川大学）

当前主办单位：四川大学文学与新闻学院 985 工程文化遗产与文化互动创新基地、四川大学文学与新闻学院华文教育基地

当前出版机构：四川大学出版社

出版总数：8 辑

出版周期：年刊

投稿邮箱：zhangf@ scu. edu. cn

通信地址：四川省成都市武侯区一环路南一段 24 号四川大学文学与新闻学院《华文文学评论》编辑部

《华文文学评论》简介

《华文文学评论》坚持"双百"方针,坚持马列主义,旨在反映文学创作与研究的前沿成果,专门就"两岸三地"、海外华文世界文学展开评述与探讨,追求学术的前沿性,建立理论与实践的无缝对接,对华文文学创作思潮、动向、名家名作等做高屋建瓴与深入细致的研究、比较、梳理。作为大西南地区通向世界的一扇门户,集刊的景观是宏观、立体的,同时又是延伸、精致与个性化的,体现学术精神,评论名家名作,力争给人耳目一新与学识共享的感受。

《华文文学评论》的常设栏目有:作家研究、百家成阵、学人风采、华裔文学研究、文学茶吧、文学稽考、文学讲座、青年学者论坛、新书评论等。

中国文学

华中学术

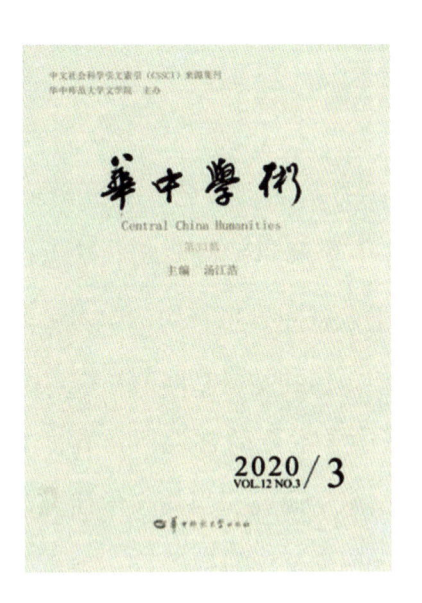

集刊名称：华中学术

创刊时间：2009年

创刊主编：张三夕

现任主编：汤江浩（华中师范大学）

当前主办单位：华中师范大学文学院

当前出版机构：华中师范大学出版社

出版总数：36辑

出版周期：季刊

投稿邮箱：huazhongxueshu@163.com

通信地址：湖北省武汉市洪山区珞喻路152号华中师范大学文学院《华中学术》编辑部

《华中学术》简介

《华中学术》秉持务实、笃志、创新的办刊精神,旨在提供海内外学人碰撞思想、切磋学术、交流心得的园地,力图通过学术个性的张扬和学科之间的互渗以实现学术研究的开拓与创新。

《华中学术》的常设栏目有:文艺学研究、语言学研究、古代文学文献学研究、当代文学研究、民间文学研究、文化传播学研究、元明清文学研究等。

《华中学术》已入选南京大学"中文社会科学引文索引"(CSSCI)来源集刊。

乐府学

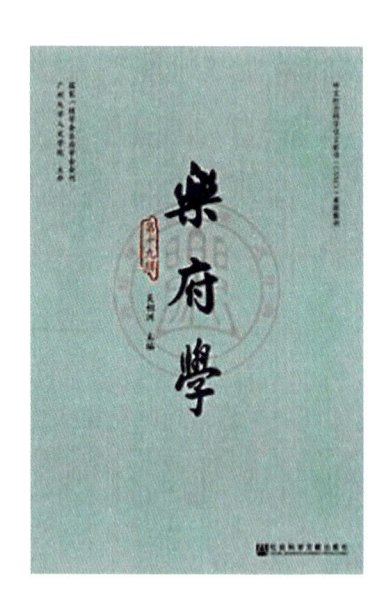

集刊名称：乐府学

创刊时间：2006 年

创刊主编：吴相洲

现任主编：赵敏俐（北京师范大学）

当前主办单位：广州大学人文学院

当前出版机构：社会科学文献出版社

出版总数：23 辑

出版周期：半年刊

投稿邮箱：yuefuxue@126.com

《乐府学》简介

《乐府学》旨在为中国乐府学研究搭建专门性、国际性的研究与交流平台，切实推进中国古代礼乐文化与文学研究，为弘扬社会主义核心价值观提供优秀的传统文化资源。集刊定位为中国乐府学及中国古典文学与音乐学的交叉研究。

《乐府学》的常设栏目有：乐府诗学、文献考订、名篇探讨、唐后乐府、研究综述、乐府与政治、域外乐府学、礼乐制度、新书评介等。

《乐府学》已入选南京大学"中文社会科学引文索引"（CSSCI）来源集刊。

励耘学刊

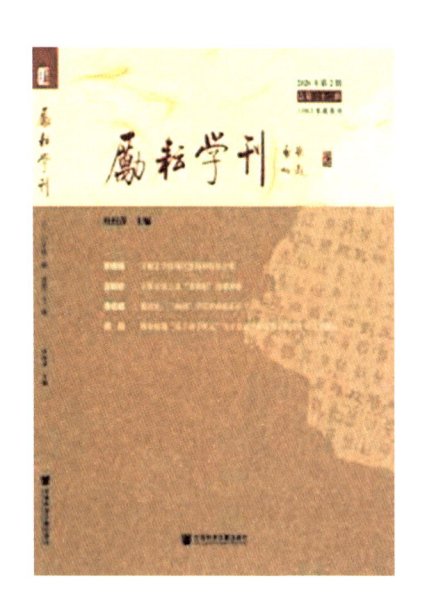

集刊名称：励耘学刊

创刊时间：2005 年

创刊主编：郭英德

现任主编：杜桂萍（北京师范大学）

当前主办单位：北京师范大学文学院

当前出版机构：社会科学文献出版社

出版总数：33 辑

出版周期：半年刊

投稿邮箱：liyunxuekan@163.com

通信地址：北京市海淀区新街口外大街 19 号北京师范大学文学院《励耘学刊》编辑部

《励耘学刊》简介

《励耘学刊》刊发国内外具有原创性的汉语言文学论文，旨在交流学术信息，展示学术精品，维护学术规范，推动汉语言文学健康发展。《励耘学刊》关注学术前沿的精品成果，注重有价值的原创性理论或原始性资料，承载中华传统文化的精神品格，承载当代学者的历史责任与现实忧患，为当代中国文学研究及学术发展做出努力。

《励耘学刊》的常设栏目有：文学史研究、文献考辨、现当代文学研究、文学与文化研究、品书录、学术批评、文史名家、励耘论坛、海外汉学等。

《励耘学刊》已入选南京大学"中文社会科学引文索引"（CSSCI）来源集刊。

明清文学与文献

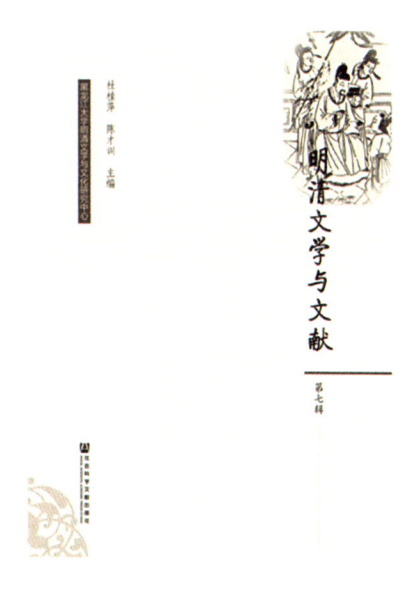

集刊名称：明清文学与文献

创刊时间：2012 年

创刊主编：杜桂萍

现任主编：杜桂萍、李小龙（北京师范大学）

当前主办单位：北京师范大学文学院

当前出版机构：社会科学文献出版社

出版总数：10 辑

出版周期：半年刊

通信地址：北京市海淀区新街口外大街 19 号北京师范大学文学院

《明清文学与文献》简介

　　《明清文学与文献》主要刊发明清文学、文献以及文化方面的优秀首发学术成果，着力呈现海内外明清文学研究的最新成果和前沿动态，以明清文学（包括明清文学对前代各体文学的接受）、文献以及文化方面的研究成果为主，力求反映本学科的特色。

　　《明清文学与文献》分为戏曲研究、小说研究、诗文研究、学术史研究四部分，常设栏目有：诗文研究、戏曲小说研究、学术综述、学术史料与综述、博士论坛等。

区域文化与文学研究集刊

集刊名称：区域文化与文学研究集刊

创刊时间：2010 年

创刊主编：周晓风、张中良

现任主编：周晓风、杨华丽、凌孟华（重庆师范大学）

当前主办单位：重庆师范大学文学院

当前出版机构：中国社会科学出版社

出版总数：10 辑

出版周期：半年刊

投稿邮箱：qywxjk@163.com

通信地址：重庆市沙坪坝区大学城城中路 37 号重庆师范大学文学院《区域文化与文学研究集刊》编辑部

《区域文化与文学研究集刊》简介

《区域文化与文学研究集刊》以"区域"为理论视角审视文化及文学的构成和发展,展示推介相关研究成果;以促进文化学术的繁荣为宗旨,为当下的文化与文学研究提供新思维和新方向;坚持"双百"方针,强调社会责任,服务学术事业和区域经济文化发展建设。

《区域文化与文学研究集刊》的常设栏目有:区域文化与现当代文学研究、区域文化与古代文学研究、区域文化与比较文学研究、区域文化与文学理论等。

厦大中文学报

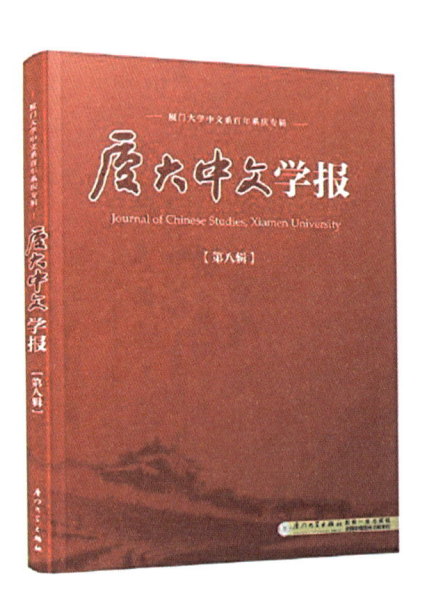

集刊名称：厦大中文学报

创刊时间：2014 年

创刊主编：李无未、林丹娅

现任主编：李无未、林丹娅（厦门大学）

当前主办单位：厦门大学中文系

当前出版机构：厦门大学出版社

出版总数：8 辑

出版周期：年刊

投稿邮箱：xdzwxb123@126.com

通信地址：福建省厦门市思明区思明南路 422 号厦门大学中文系《厦大中文学报》编辑部

《厦大中文学报》简介

厦大建校伊始，中文即为重镇。学界名流鲁迅、林语堂、沈兼士、罗常培、周辨明、施蛰存、林庚等都教授其间，学术基础十分扎实。迄今百年，薪火相传。《厦大中文学报》秉持"追求真理、注重实学、崇尚创新、鼓励争鸣"的宗旨，立足东南，面向世界，弘扬中华文化，刊发高质量、前沿性之学术文章，展示中文研究成果，增强学人了解互动，促进学界交流合作，为推动中国语言文学学科的繁荣和发展贡献力量。

《厦大中文学报》的常设栏目有：语言学研究、中国古代文学研究、中国现当代文学研究、中国文献学研究、书评等。

诗探索

集刊名称：诗探索

创刊时间：1980 年

创刊主编：谢冕

现任主编：吴思敬（首都师范大学）、林莽（中国作家协会）

当前主办单位：首都师范大学中国诗歌研究中心、北京大学中国诗歌研究院、中国当代
　　　　　　　文学研究会

当前出版机构：中国传媒大学出版社

出版总数：123 辑

出版周期：季刊

投稿邮箱：poetry_cn@163.com；stshygj@126.com

通信地址：北京市海淀区西三环北路 83 号首都师范大学中国诗歌研究中心《诗探索·
　　　　　理论卷》编辑部；北京市丰台区晓月中路 15 号《诗探索·作品卷》编辑部

《诗探索》简介

　　《诗探索》是中国当代文学研究会会刊，分"理论卷"与"作品卷"，是我国目前历史最长、影响最大的诗歌理论刊物，长期坚持纯粹的艺术立场，与中国当代诗歌一路同行，是当代诗歌学术交流与研究的重要阵地。创刊40年间，《诗探索》通过办刊物，举办诗歌研讨会、诗歌朗诵会，出版诗集、丛书，设立诗歌奖项等多种方式，对当代诗歌的发展进行了全方位的介入与重塑。

　　《诗探索》的常设栏目有：诗歌叙述学研究、诗人研究、姿势与尺度、探索与发现、诗人访谈、新诗理论著作述评、诗人通讯、汉诗新作、外国诗论译丛、诗坛峰会以及新诗集和优秀作品展示等。

唐代文学研究

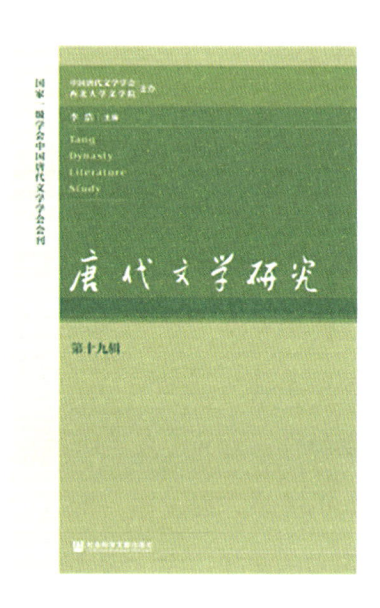

集刊名称：唐代文学研究

创刊时间：1981 年

创刊主编：傅璇琮

现任主编：李浩（西北大学）

当前主办单位：中国唐代文学学会、西北大学文学院

当前出版机构：社会科学文献出版社

出版总数：19 辑

出版周期：年刊

投稿邮箱：tdwxyj@163.com

通信地址：陕西省西安市长安区学府大道 1 号西北大学文学院《唐代文学研究》编辑部

《唐代文学研究》简介

　　《唐代文学研究》主要刊布海内外有关唐代文学研究的论文，涉及唐代文学研究的各个领域，主要展示唐代文学研究的优秀成果，注重学术性与理论性，以及在选题、文献、理论、方法和观点上的创新性。《唐代文学研究》的研究内容涉及地域、家族与唐代文学的关系，以及唐诗的域内、域外传播，强调宏阔的学术视野、扎实的文献功底、深入严谨的论证以及问题意识，既有实证分析，又有理论概括，体现出唐代文学研究的新视野以及对新方法的灵活使用。研究体裁既包括诗、文、小说，也包括唐代小品文等。

　　《唐代文学研究》的常设栏目有：作家与作品、辨析与考证、接受与传播、学术评论、石刻文献、唐代文学等。

文化与诗学

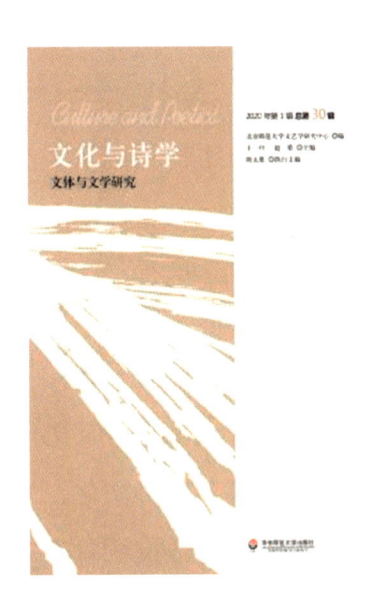

集刊名称：文化与诗学

创刊时间：2004 年

创刊主编：童庆炳

现任主编：王一川、赵勇（北京师范大学）

当前主办单位：北京师范大学文艺学研究中心

当前出版机构：华东师范大学出版社

出版总数：33 辑

出版周期：半年刊

投稿邮箱：wenhuayushixue@126.com

通信地址：北京市海淀区新街口外大街 19 号北京师范大学文学院文艺学研究中心

《文化与诗学》简介

《文化与诗学》立足于中国古代文论、外国文论以及当代文论，从文化视野考察文化观念，形成文化视野与诗学视野的交汇贯通，进一步在东西方文化的宏阔背景之下开掘外国文论，力求外国文论与比较文学的融合。《文化与诗学》通过对文学文本和文学现象的解析，提倡精神文化、人文关怀、诗意追求。

《文化与诗学》的常设栏目有：书评、西方文化与诗学、古典学术与文化、中国古典诗学、20世纪中国文艺研究、文学考古学、文体与文学研究等。

《文化与诗学》已入选南京大学"中文社会科学引文索引"（CSSCI）来源集刊。

文学研究

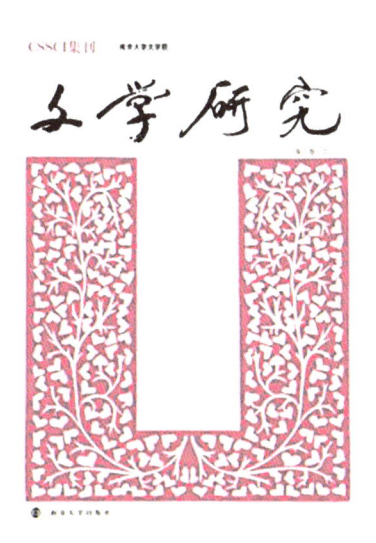

集刊名称：文学研究

创刊时间：1992 年

创刊主编：周勋初、钱中文、叶子铭

现任主编：董晓、傅元峰（南京大学）

当前主办单位：南京大学文学院

当前出版机构：南京大学出版社

出版总数：33 辑

出版周期：半年刊

投稿邮箱：wxyj@nju.edu.cn

通信地址：江苏省南京市栖霞区仙林大道 163 号南京大学文学院

《文学研究》简介

　　《文学研究》依托南京大学中国语言文学学科，以发扬学院派学术传统，营造学院派学术氛围，推进文学研究为宗旨，坚持严格的学术研究规范和优良的学术传统，努力编辑高水平学术论文，追求学术深度与广度，推进文学理论、中国文学与比较文学的研究。

　　《文学研究》刊登文艺学研究、中国古代文学研究、中国现当代文学研究、比较文学研究等领域的学术成果。

　　《文学研究》已入选南京大学"中文社会科学引文索引"（CSSCI）来源集刊。

戏曲与俗文学研究

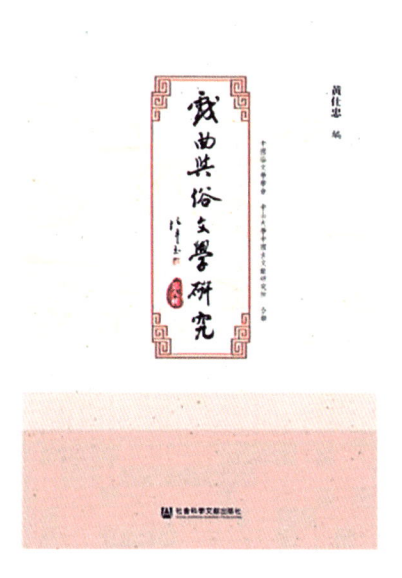

集刊名称：戏曲与俗文学研究

创刊时间：2016 年

创刊主编：黄仕忠

现任主编：黄仕忠（中山大学）

当前主办单位：中国俗文学学会、中山大学中国古文献研究所

当前出版机构：社会科学文献出版社

出版总数：10 辑

出版周期：半年刊

投稿邮箱：hsshsz@mail.sysu.edu.cn；2556433873@qq.com

通信地址：广东省广州市海珠区新港西路 135 号中山大学中国古文献研究所

《戏曲与俗文学研究》简介

　　戏曲是俗文学的一种重要形式，它以通俗的形式和内容而有广泛的群众基础，同时在发展过程中也不断丰富和完善，形成了自己的特点。《戏曲与俗文学研究》旨在对戏曲与俗文学之间的关系进行探讨和研究，为中国俗文学文献的考订研究提供一个平台。

　　《戏曲与俗文学研究》以古代戏曲和俗文学研究为主要对象，以实证研究为特色，重视第一手文献资料的发掘与利用，强调对基本文献的调查、编目、考释，尤其强调文献资料考证研究，即集中于作者考、重要事件考、版本文献考索、海内外藏家目录编集、稀见文献考述、新文献材料辑录考释等。

　　《戏曲与俗文学研究》已入选南京大学"中文社会科学引文索引"（CSSCI）来源集刊。

现代传记研究

集刊名称：现代传记研究

创刊时间：2013 年

创刊主编：杨正润

现任主编：杨正润（上海交通大学）

当前主办单位：上海交通大学传记中心

当前出版机构：商务印书馆

出版总数：17 辑

出版周期：半年刊

投稿邮箱：sclw209@sina.com

通信地址：上海市闵行区东川路 800 号上海交通大学人文楼 209 室

《现代传记研究》简介

　　《现代传记研究》倡导以现代眼光和方法研究中外传记的各种问题，立足学术前沿，以国际化为目标，发表中文和英文稿件。旨在拓展和丰富传记研究的内容，开展学术讨论，为国内外学者提供发表和交流的园地，吸引和培养本领域的学术新秀。

　　《现代传记研究》的常设栏目有：名家访谈、比较传记、理论研究、传记史研究、作品研究、自传评论、日记评论、人物研究、传记影视、书评、史料考订、传记家言等。

　　《现代传记研究》已入选南京大学"中文社会科学引文索引"（CSSCI）来源集刊。

现代中国文化与文学

集刊名称：现代中国文化与文学

创刊时间：2005 年

创刊主编：毛迅、李怡

现任主编：毛迅、李怡（四川大学）

当前主办单位：四川大学文学与新闻学院

当前出版机构：巴蜀书社

出版总数：39 辑

出版周期：季刊

投稿邮箱：xdzgww@126.com

通信地址：四川省成都市武侯区望江路 29 号四川大学文学与新闻学院

《现代中国文化与文学》简介

《现代中国文化与文学》旨在刊布中国现代文学乃至文化领域的研究成果，强调问题意识，倡导学术锐气，保藏文献档案，为在海内外传播现代中国文化与文学起到了重要的阵地和窗口作用。

《现代中国文化与文学》的常设栏目有：特稿、民国文学研究、共和国文学研究、港澳台文学研究、现代文学与文化、文学史新论、巴蜀文学重读、对视与争鸣、现代文学档案、经典重读、学人著述、综述等。

《现代中国文化与文学》已入选南京大学"中文社会科学引文索引"（CSSCI）来源集刊。

新国学

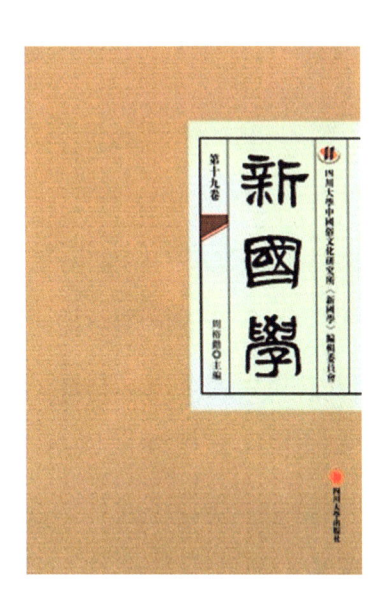

集刊名称：新国学

创刊时间：1999 年

创刊主编：周裕锴

现任主编：周裕锴（四川大学）

当前主办单位：四川大学中国俗文化研究所

当前出版机构：四川大学出版社

出版总数：21 辑

出版周期：半年刊

投稿邮箱：scuxinguoxue@163.com

通信地址：四川省成都市武侯区望江路 29 号四川大学中国俗文化研究所《新国学》编辑委员会

《新国学》简介

　　《新国学》以儒家主体文化和社会为基，撇开传统国学研究中存在的糟粕，重新提出国学概念，打破传统国学的自我垄断和封闭，汲取马克思列宁主义精髓，代表着走向世界，属于全新的中国学术概念。《新国学》以新观点、新方法、新材料为主题，坚持"期期精彩、篇篇可读"的理念。

　　《新国学》所刊载的论文涉及文学、史学、哲学、宗教学、伦理学、美学、艺术学、考古学、文字学、音韵学、训诂学、目录学、版本学、校勘学、敦煌吐鲁番学、政治学、军事学、经济学、博物学、科技史、民俗学、阐释学以及古代中外文化交流比较研究等领域。

新诗评论

集刊名称：新诗评论

创刊时间：2005 年

创刊主编：谢冕、孙玉石、洪子诚

现任主编：谢冕、孙玉石、洪子诚（北京大学）

当前主办单位：北京大学中国诗歌研究院

当前出版机构：北京大学出版社

出版总数：24 辑

出版周期：年刊

投稿邮箱：pkuwsz@126.com

通信地址：北京市海淀区颐和园路 5 号北京大学中国诗歌研究院《新诗评论》编辑部

《新诗评论》简介

  《新诗评论》推出重点专题以强化问题意识，尝试在更大的关联域和问题空间中展开讨论，使之能与当下思想、文化领域形成更密切的互动。《新诗评论》还致力于打破诗歌的自我封闭，提高诗歌加入当代思想进程中的能力，在诗歌与其他学术、思想领域之间搭建对话、沟通的平台，为诗歌的躯体注入新的思想资源。

  《新诗评论》的常设栏目有：问题与事件、新诗史研究、诗人研究、翻译与接受、书评等。

新宋学

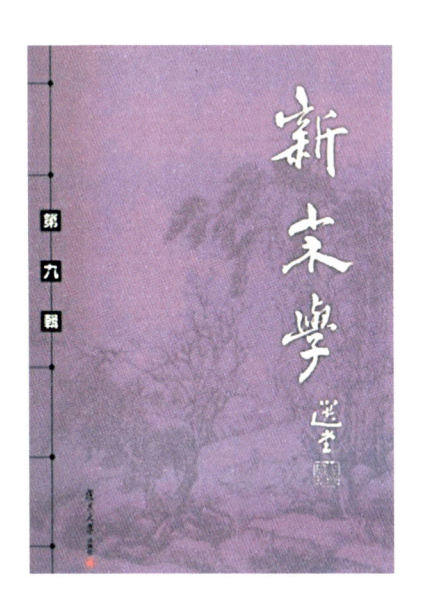

集刊名称：新宋学

创刊时间：2001 年

创刊主编：王水照、朱刚

现任主编：王水照、朱刚（复旦大学）

当前主办单位：复旦大学中文系、中国宋代文学学会

当前出版机构：复旦大学出版社

出版总数：10 辑

出版周期：年刊

投稿邮箱：thenewsong@foxmail.com

通信地址：上海市杨浦区邯郸路 220 号复旦大学中文系侯本健

《新宋学》简介

  《新宋学》是中国宋代文学学会会刊,由复旦大学中文系、中国宋代文学学会主办,不仅强调多学科交叉研究的方法,同时也关注其他学科中与文学相关的史实考订或是理论阐述新成果。

  《新宋学》主要收录中外学者研究宋代思想文化、文学艺术、历史人文等方面的高水平论文,以宋代文学研究为主,兼及宋代历史、哲学、语言、艺术、宗教等专题研究成果,内容既全面又有侧重。

域外汉籍研究集刊

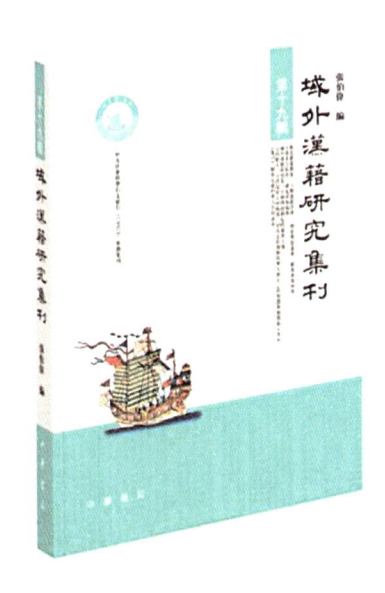

集刊名称：域外汉籍研究集刊

创刊时间：2005 年

创刊主编：张伯伟

现任主编：张伯伟（南京大学）

当前主办单位：南京大学文学院域外汉籍研究所

当前出版机构：中华书局

出版总数：22 辑

出版周期：半年刊

投稿邮箱：ndywhj@163.com

通信地址：江苏省南京市栖霞区仙林大道 163 号南京大学文学院域外汉籍研究所

《域外汉籍研究集刊》简介

《域外汉籍研究集刊》推崇严谨朴实,力黜虚诞浮华;向往学思并进,鄙弃事理相绝;主张多方取径,避免固执偏狭。总之,重视以文献学为基础的研究,于多种风格兼收并蓄,而不拘泥采用何种方法、得出何种结论。"以文会友,以友辅仁",是《域外汉籍研究集刊》追求的目标。《域外汉籍研究集刊》一贯以论文本身的学术价值为刊用标准,注意培养青年学者与研究生,在国内外学术界拥有良好的声誉,受到相关领域研究者的广泛关注。

《域外汉籍研究集刊》的常设栏目有:汉籍交流研究、朝鲜/韩国汉籍研究、日本汉籍研究、越南汉籍研究、书评、资料、文献汇编、综合研究、研究综述、文献整理、欧洲汉籍研究等。

《域外汉籍研究集刊》已入选南京大学"中文社会科学引文索引"(CSSCI)来源集刊。

中国典籍与文化论丛

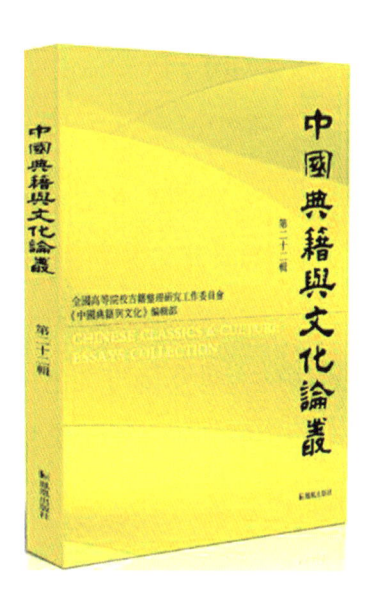

集刊名称：中国典籍与文化论丛

创刊时间：1993 年

创刊主编：《中国典籍与文化论丛》编辑部

现任主编：安平秋（北京大学）

当前主办单位：全国高等院校古籍整理研究工作委员会、《中国典籍与文化论丛》编辑部

当前出版机构：凤凰出版社

出版总数：24 辑

出版周期：半年刊

投稿邮箱：ccc@pku.edu.cn

通信地址：北京市海淀区颐和园路 5 号北京大学哲学楼 328 号《中国典籍与文化论丛》编辑部

《中国典籍与文化论丛》简介

《中国典籍与文化论丛》是由全国高等院校古籍整理研究工作委员会、《中国典籍与文化论丛》编辑部主办的大型学术集刊，主要刊载以中国古代典籍与文化为研究对象的文献学、文学、史学、哲学、考古学、语言文字学等各领域的学术论文。

《中国典籍与文化论丛》以弘扬中华优秀传统文化为宗旨，倡导实事求是、自由讨论的学风，致力于传播海内外中国典籍与文化研究的学术成果，探讨学界普遍关心的古代典籍与文化问题，引导社会全面认识中国文化，增强民族自信心与爱国主义精神。

中国古代小说戏剧研究

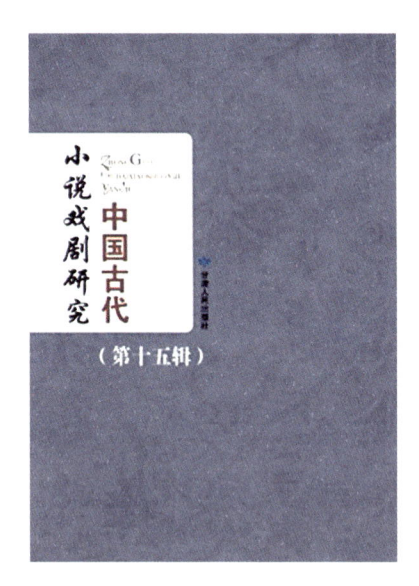

集刊名称：中国古代小说戏剧研究

创刊时间：2003 年

创刊主编：高原、朱忠元

现任主编：包建强（兰州城市学院）

当前主办单位：兰州城市学院中国古代小说戏剧研究所

当前出版机构：学苑出版社

出版总数：16 辑

出版周期：年刊

投稿邮箱：gdxsxj2010@126.com

通信地址：甘肃省兰州市安宁区街坊路 11 号兰州城市学院中国古代小说戏剧研究所

《中国古代小说戏剧研究》简介

  《中国古代小说戏剧研究》是由兰州城市学院中国古代小说戏剧研究所主办的学术集刊，以刊登中国古代小说、戏剧研究理论文章为主，主要对中国古代小说、戏剧的内容、历史背景、写作特点等进行深入细致的研究和分析。多数文章从小的剧本、剧目入手，或进行内容分析，或进行对比研究，或进行史料考证，涉及内容广泛，有助于拓宽学术研究的视野。

  《中国古代小说戏剧研究》刊登的内容包括小说研究、红楼梦研究、戏曲研究、戏剧研究、说唱文学研究、戏剧文史档案等学术研究论文，以及名师讲名著、新书评介等评述性文章。

中国诗歌研究

集刊名称：中国诗歌研究

创刊时间：2002 年

创刊主编：赵敏俐

现任主编：赵敏俐（首都师范大学）

当前主办单位：首都师范大学中国诗歌研究中心

当前出版机构：社会科学文献出版社

出版总数：21 辑

出版周期：半年刊

投稿邮箱：poetry_cnu@163.com

通信地址：北京市海淀区西三环北路 83 号首都师范大学中国诗歌研究中心《中国诗歌研究》编辑部

《中国诗歌研究》简介

《中国诗歌研究》以学术本位、言之有物为办刊宗旨,主要发表古今中外诗歌研究方面的学术论文,对中国古代和现代诗人、诗歌、诗体等诸多方面进行多层面、多角度的深入探讨,或考辨诗人行实,或发明新义,或梳理诗派特色,或归纳诗体流变,或总结前人成果,或钩稽新材料,均力求有所新见,为中国诗歌研究提供新参考。

《中国诗歌研究》的常设栏目有:中国古代诗歌研究、中国现当代诗歌研究、中国诗歌理论研究、诗歌文献研究、中国少数民族诗歌研究、当代海外华人诗歌研究、域外汉诗与诗学研究、中西比较诗学研究等。

《中国诗歌研究》已入选南京大学"中文社会科学引文索引"(CSSCI)来源集刊。

中国诗歌研究动态

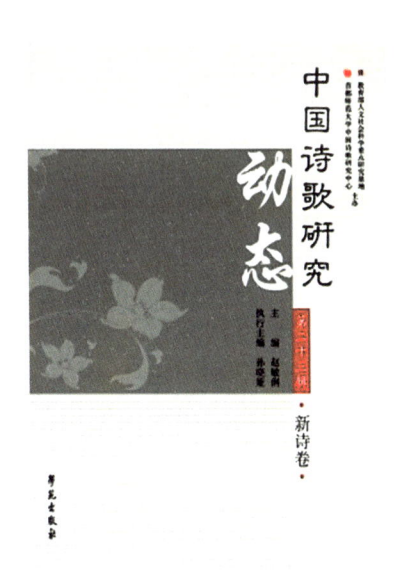

集刊名称：中国诗歌研究动态

创刊时间：2004 年

创刊主编：赵敏俐

现任主编：赵敏俐（首都师范大学）

当前主办单位：首都师范大学中国诗歌研究中心

当前出版机构：学苑出版社

出版总数：26 期

出版周期：半年刊

投稿邮箱：poetry_cnu@163.com

通信地址：北京市海淀区西三环北路 83 号首都师范大学中国诗歌研究中心《中国诗歌研究动态》编辑部

《中国诗歌研究动态》简介

　　《中国诗歌研究动态》是由首都师范大学中国诗歌研究中心主办的一份学术性与资讯性兼备的刊物。目前,《中国诗歌研究动态》分为"新诗卷"和"古诗卷",每年交替出版。《中国诗歌研究动态》坚持百家争鸣的学术方针,既欢迎思辨深刻的理论文章,也欢迎富有时效性的动态报道、书评、鉴赏以及诗词创作。

　　《中国诗歌研究动态》的常设栏目有:诗歌论坛、研究综述、论著索引、学术动态、海外交流、诗歌广场、学人志、新书快递等。

中国诗学

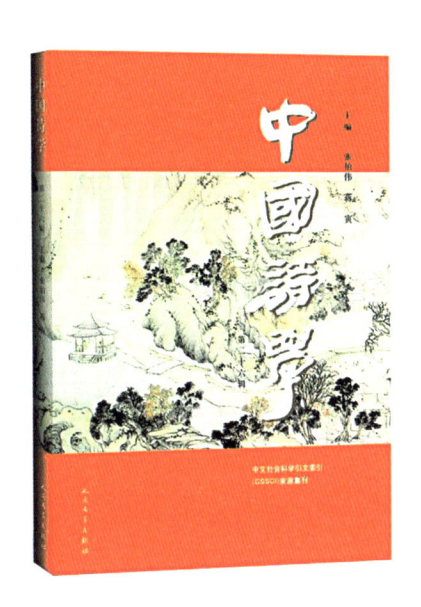

集刊名称：中国诗学

创刊时间：1991 年

创刊主编：施议对、蒋寅

现任主编：蒋寅（中国社会科学院）、巩本栋（南京大学）

当前主办单位：中国社会科学院文学研究所

当前出版机构：人民文学出版社

出版总数：32 辑

出版周期：半年刊

投稿邮箱：jiangyin@ cass. org. com

通信地址：北京市东城区建国门内大街 5 号中国社会科学院文学研究所

《中国诗学》简介

《中国诗学》旨在以《中国诗学》为园地，改变学术界各自为战、选题随机性强的现状，使新一代的诗学研究朝着系统性、整体性的方向发展，推动学科建设的进步和完善，计划、组织起系统性的传统诗学研究，通过对各种诗歌类型的个案研究，总结出一些属于某一历史阶段的基本范式，为诗学、诗史和诗人研究提供一些参照。《中国诗学》主张观点有新旧之分，方法无新旧之别，提倡运用各种方法进行广泛深入的新开拓。

《中国诗学》的常设栏目有：诗学文献学、诗歌理论、诗歌史、诗学史、书评等。

《中国诗学》已入选南京大学"中文社会科学引文索引"（CSSCI）来源集刊。

中国诗学研究

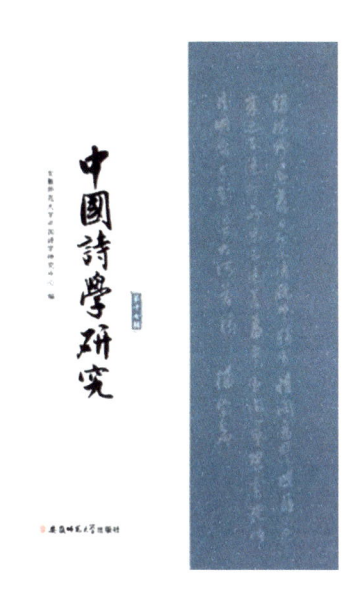

集刊名称：中国诗学研究

创刊时间：2002 年

创刊主编：余恕诚

现任主编：胡传志（安徽师范大学）

当前主办单位：安徽师范大学中国诗学研究中心

当前出版机构：凤凰出版社

出版总数：20 辑

出版周期：半年刊

投稿邮箱：zgsxyjzx@ 126. com

通信地址：安徽省芜湖市新芜区人民路 1 号安徽师范大学中国诗学研究中心

《中国诗学研究》简介

《中国诗学研究》以弘扬和传播民族优秀传统文化为己任，着力打造学术精品，主要发表中国诗学研究的相关学术论文，也刊登少量书评。集刊注重论文质量与学术规范，既欢迎视野开阔、论述严谨、具有前沿性与开拓性的研究成果，也欢迎翔实可据的考证性、资料性论文和书评，范围涵盖中国古典诗学（词学）、中国现当代诗学、中外比较诗学等方面。

《中国诗学研究》的常设栏目有：诗学研究、诗赋研究、诗学文献研究、词学研究、学苑新声等。

中国文学研究

集刊名称：中国文学研究

创刊时间：1999 年

创刊主编：黄霖

现任主编：陈尚君（复旦大学）

当前主办单位：复旦大学中国古代文学研究中心

当前出版机构：复旦大学出版社

出版总数：34 辑

出版周期：年刊

投稿邮箱：zhongguowenxueyanjiu@fudan.edu.cn

通信地址：上海市杨浦区邯郸路 220 号复旦大学中国古代文学研究中心《中国文学研究》编辑部

《中国文学研究》简介

《中国文学研究》主要刊登海内外中国古代文学研究的学术论文，也刊登少量书评，研究内容涵盖中国古代文学的各个领域，及时反映当今学界的前沿问题和最新学术进展，为海内外学术研究提供优质学术平台。

集刊注重学术价值和学术规范，设立编辑委员会，实行主编负责制，但稿件能否刊用，则采取严格的匿名评审制度，由审稿委员会决定。担任审稿委员者均为复旦大学及其他高等院校的著名专家。

《中国文学研究》已入选南京大学"中文社会科学引文索引"（CSSCI）来源集刊。

中国现代文学论丛

集刊名称：中国现代文学论丛

创刊时间：2006 年

创刊主编：胡星亮

现任主编：张光芒（南京大学）

当前主办单位：南京大学中国新文学研究中心

当前出版机构：南京大学出版社

出版总数：30 辑

出版周期：半年刊

投稿邮箱：zgxdwxlc@163.com；wxluncong@126.com

通信地址：江苏省南京市栖霞区仙林大道 163 号南京大学杨宗义楼《中国现代文学论丛》编辑部

《中国现代文学论丛》简介

《中国现代文学论丛》旨在繁荣发展中国现当代文学研究，是本学科及相关学科研究领域学术成果的发表园地。提倡沉潜、扎实的学风，就中国现当代文学及相关学科进行严肃、深入的研究；提倡大胆怀疑、勇于创新的学术精神，就中国现当代文学及相关学科中的重大问题和热点问题展开不拘一格的探讨，追求学术研究的前沿性和学术探索的原创性。

《中国现代文学论丛》的常设栏目有：现代论坛、文学史透视、理论空间、文学与文化、台港海外新声、争鸣探索、经典重读、中外比较、文学现场、史料回放、博士论文选粹、学术点击等。

《中国现代文学论丛》已入选南京大学"中文社会科学引文索引"（CSSCI）来源集刊。

中国语言文学研究

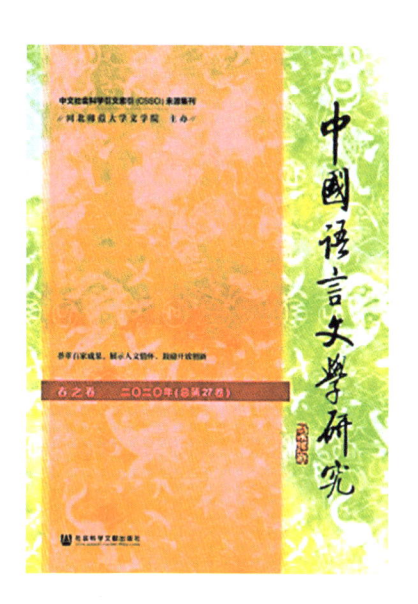

集刊名称：中国语言文学研究

创刊时间：2007 年

创刊主编：崔志远、吴继章

现任主编：崔志远、吴继章（河北师范大学）

当前主办单位：河北师范大学文学院

当前出版机构：社会科学文献出版社

出版总数：33 辑

出版周期：半年刊

投稿邮箱：zgyywxyj@mail.hebtu.edu.cn

通信地址：河北省石家庄市裕华区南二环东路 20 号河北师范大学文学院

《中国语言文学研究》简介

《中国语言文学研究》坚持"百花齐放、百家争鸣"的学术方针，鼓励学术创新，倡导学术交流，强调学术研究的前沿性、学理性与思想性的结合，旨在荟萃百家成果，展示人文情怀，鼓励开放创新，发表中国语言文学专业各二级学科方面的研究文章。

《中国语言文学研究》的常设栏目有：语言学、书序与书评、文艺学、古代文学、文献学、研究生论坛、现当代文学、中国古代文学等。

《中国语言文学研究》已入选南京大学"中文社会科学引文索引"（CSSCI）来源集刊。

民族学与文化学

Ethnology and Culturology

北京民俗论丛

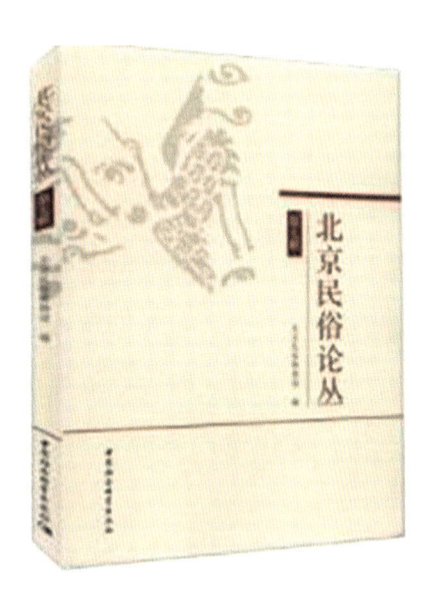

集刊名称：北京民俗论丛

创刊时间：2013 年

创刊主编：曹彦生

现任主编：曹彦生（北京大学）

当前主办单位：北京民俗博物馆

当前出版机构：中国社会科学出版社

出版总数：8 辑

出版周期：年刊

投稿邮箱：hjmslc@126.com

通信地址：北京市朝阳区朝外大街 141 号北京民俗博物馆《北京民俗论丛》编辑部

《北京民俗论丛》简介

　　《北京民俗论丛》以推进学术研究为宗旨，关注学术前沿问题，注重文章的学术性、原创性、思想性，兼顾新见史料、文献钩沉、资料综述等研究内容，致力于为博物馆学、民俗学、历史学、考古学、文化遗产学等各领域的研究者和工作者提供交流平台。

　　《北京民俗论丛》的常设栏目有：民俗文物研究、博物馆理论与实践、田野民俗志、图像民俗、民俗文献钩沉、东岳文化研究、北京史地研究、地方民俗研究、非物质文化遗产保护等。

潮学集刊

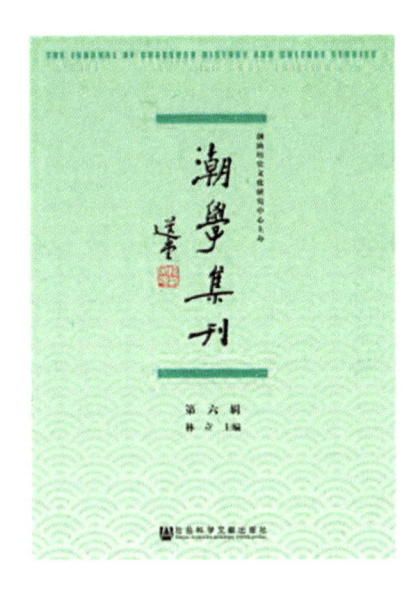

集刊名称：潮学集刊

创刊时间：2013 年

创刊主编：陈景熙

现任主编：林立（北京大学）

当前主办单位：潮汕历史文化研究中心

当前出版机构：社会科学文献出版社

出版总数：6 辑

出版周期：年刊

投稿邮箱：liksbox@126.com；jingxi_chen@vip.163.com

通信地址：广东省汕头市金平区金湖路玫瑰园 29 栋西座 5 楼《潮学集刊》编辑部

《潮学集刊》简介

《潮学集刊》由潮汕历史文化研究中心和潮汕历史文化研究中心青年委员会联合创办,主要面向海内外学术界同人收录符合当代中国学术规范、遵循《潮学集刊》文稿格式的有关潮汕历史文化研究的高层次、高水平研究成果。研究内容涵盖海上丝绸之路与华侨华人、方言、戏曲、区域历史、历史文献、潮籍人物、宗教信仰等潮汕历史文化领域。

《潮学集刊》的常设栏目有:海上丝绸之路与华侨华人、区域历史、潮籍贤哲、文化遗产、历史文献等。

出土文献综合研究集刊

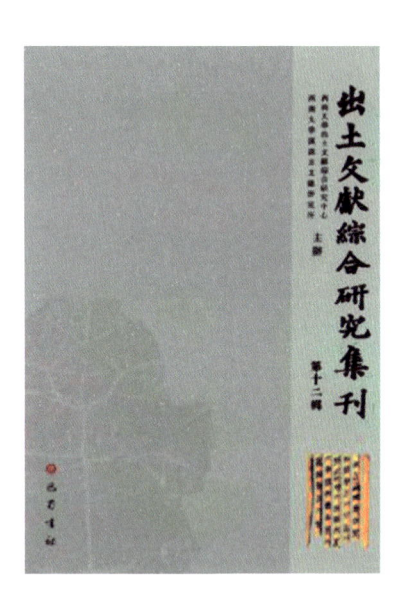

集刊名称：出土文献综合研究集刊

创刊时间：2014 年

创刊主编：李发

现任主编：孟蓬生（西南大学）

当前主办单位：西南大学出土文献综合研究中心、西南大学汉语言文献研究所

当前出版机构：巴蜀书社

出版总数：14 辑

出版周期：半年刊

投稿邮箱：ctwxzhyj@163.com

通信地址：重庆市北碚区天生路 2 号西南大学汉语言文献研究所《出土文献综合研究集刊》编辑部

《出土文献综合研究集刊》简介

《出土文献综合研究集刊》由西南大学出土文献综合研究中心和西南大学汉语言文献研究所联合主办，专门刊发有关出土文献的文字研究、语言研究、文献研究、图书评论等最新成果，旨在探赜索隐，推陈出新，弘扬原创，提倡交叉，促进融合，切磋学术，交流思想，助力今世出土文献之研究，促进中华优秀传统文化之传承。

《出土文献综合研究集刊》的常设栏目有：文字考释、词语训诂、语法、历史文化等。

《出土文献综合研究集刊》已入选南京大学"中文社会科学引文索引"（CSSCI）来源集刊。

非物质文化遗产研究集刊

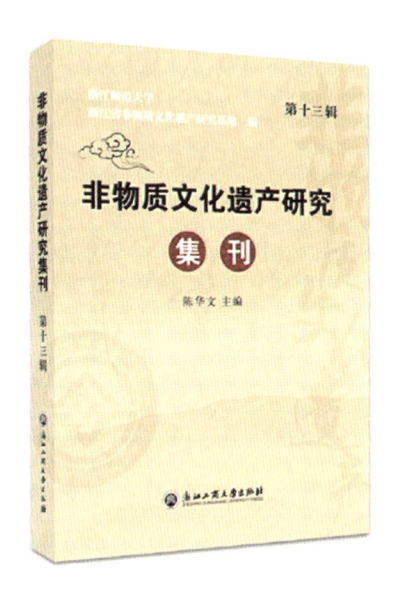

集刊名称：非物质文化遗产研究集刊

创刊时间：2008 年

创刊主编：陈华文

现任主编：陈华文（浙江师范大学）

当前主办单位：浙江师范大学浙江省非物质文化遗产研究基地

当前出版机构：浙江工商大学出版社

出版总数：14 辑

出版周期：半年刊

投稿邮箱：fy@zjnu.cn

《非物质文化遗产研究集刊》简介

《非物质文化遗产研究集刊》由浙江师范大学浙江省非物质文化遗产研究基地全力打造，立足浙江，面向全国，长期关注非遗领域发展动态，既重视非遗理论研究，亦重视个案和田野调查。刊发了一系列观点鲜明、见解独到的文章，在学界已有一定影响。《非物质文化遗产研究集刊》致力于展示非遗研究成果，传播非遗保护理念，促进非遗研究深入发展。

《非物质文化遗产研究集刊》的常设栏目有：非物质文化遗产与传统节日研究、非物质文化遗产与乡村振兴研究、非物质文化遗产传承保护研究、非物质文化遗产个案调查研究、非物质文化遗产与影视文化研究、口述史与非物质文化遗产传承人等。

非遗传承研究

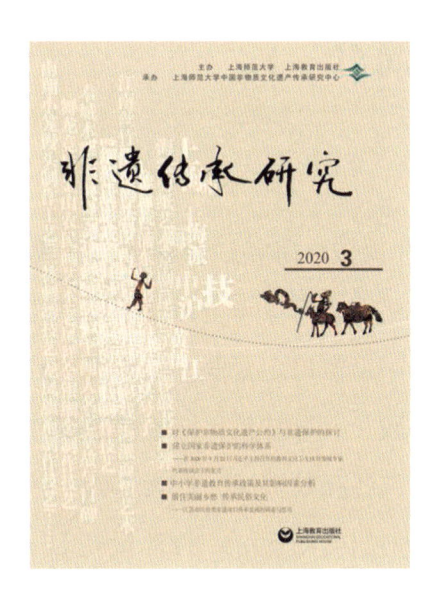

集刊名称：非遗传承研究

创刊时间：2016 年

创刊主编：陆建非

现任主编：陆建非、缪宏才（上海师范大学）

当前主办单位：上海师范大学、上海教育出版社

当前出版机构：上海教育出版社

出版总数：24 辑

出版周期：季刊

投稿邮箱：fyjk2016@163.com

通信地址：上海市徐汇区桂林路 100 号上海师范大学体化楼 101 室

《非遗传承研究》简介

《非遗传承研究》旨在为国内非遗学者搭建发声的平台、交流的桥梁，成为参与全球化进程中的中国人见非遗、见生活、见未来的一扇窗口。《非遗传承研究》目光聚焦在非遗保护传承的中国实践、上海特色，探索快速城市化背景下的非遗保护传承经验，并依托高校资源，探索年青一代的非遗传承路径。

《非遗传承研究》的常设栏目有：法律法规、调查与报告、理论研究、非遗学人、非遗项目、非遗传承人、非遗进校园、非遗在社区、非遗企业家、史料与掌故等。

海岱学刊

集刊名称：海岱学刊

创刊时间：2002 年

创刊主编：王志民

现任主编：吕文明（山东师范大学）

当前主办单位：山东师范大学齐鲁文化研究院

当前出版机构：齐鲁书社

出版总数：24 辑

出版周期：半年刊

投稿邮箱：qlwhhy@sina.com；zwd1016@126.com

通信地址：山东省济南市历下区文化东路 88 号山东师范大学齐鲁文化研究院《海岱学刊》编辑部

《海岱学刊》简介

《海岱学刊》原名《齐鲁文化研究》，2014年起更名为《海岱学刊》，是山东师范大学齐鲁文化研究院主办的学术刊物。《海岱学刊》以弘扬齐鲁文化和中国传统文化的优良传统、振奋民族精神、提升学术研究水平、促进当代中国文化建设为办刊宗旨。举凡有关齐鲁文化、海岱历史与考古、周秦诸子百家、中国早期文明、中国思想文化的原创性专题研究之作，均受欢迎；相关的学术动态、会议综述、书评等学术论文亦可接受。

《海岱学刊》的常设栏目有：古史研究、儒学研究、道学研究、齐鲁文化研究、海岱历史与考古、书评和综述等。

海南历史文化

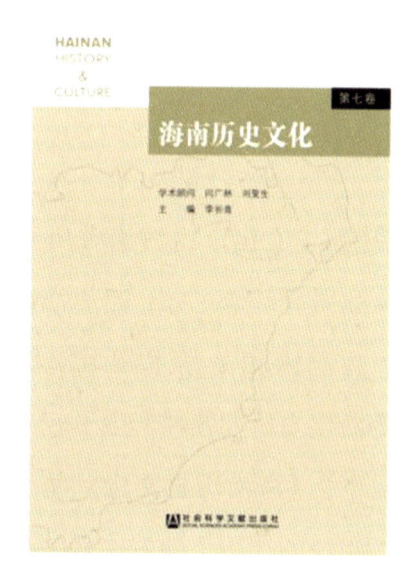

集刊名称：海南历史文化

创刊时间：2009 年

创刊主编：詹长智

现任主编：李长青（海南大学）

当前主办单位：海南省历史文化研究基地、海南大学海南历史文化研究基地

当前出版机构：社会科学文献出版社

出版总数：8 辑

出版周期：年刊

通信地址：海南省海口市美兰区人民大道 58 号海南大学《海南历史文化》编辑部

《海南历史文化》简介

  《海南历史文化》由海南省历史文化研究基地和海南大学海南历史文化研究基地主办，是以海南历史文化为中心的专业性学术刊物，在国内相关学术领域，特别是地方史研究和唐、宋、明、清等断代史研究领域产生了较大影响。在"一带一路"倡议的大背景下，《海南历史文化》将继续从海南地方史研究的学术角度发挥独特的作用，随着本领域研究的持续深入，有望成为本专业领域最有影响力的刊物之一。

  《海南历史文化》的常设栏目有：名家特稿、海洋文明史、南洋文化研究、海南非物质文化研究、域外文评等。

华西边疆评论

集刊名称：华西边疆评论

创刊时间：2014 年

创刊主编：孙勇

现任主编：孙勇（四川大学）

当前主办单位：四川大学社会发展与西部开发研究院

当前出版机构：中国社会科学出版社

出版总数：6 辑

出版周期：年刊

投稿邮箱：hxbjpl@163.com

通信地址：四川省成都市武侯区一环路南一段 24 号四川大学社会发展与西部开发研究院《华西边疆评论》编辑部

《华西边疆评论》简介

《华西边疆评论》的办刊宗旨与内容体现了学为国用的学术传承。作为国内新创的边疆研究学术集刊,为促进学术交流,培育学术新人,对国内外同行设立一个学术交流的平台,努力助推中国边疆研究事业迈上新台阶,起到一定作用。《华西边疆评论》涵盖边疆学科建设、边疆理论、边疆史地、边疆经济、边疆治理、边疆安全、边疆现实问题、边疆文化、边疆宗教、边疆民族语文等多个方面;同时重视采用边疆学者专访、边疆研究书评、边疆论坛综述等稿件,以供研究者与参阅者交流品鉴。

《华西边疆评论》的常设栏目有:边疆学学科建设、边疆史地研究、边疆经济研究、边疆治理研究、边疆学者专访、边疆研究书评等。

黄河文明与可持续发展

集刊名称：黄河文明与可持续发展

创刊时间：2008 年

创刊主编：苗长虹

现任主编：苗长虹（河南大学）

当前主办单位：河南大学黄河文明与可持续发展研究中心

当前出版机构：河南大学出版社

出版总数：18 辑

出版周期：半年刊

投稿邮箱：hhwmjk@sina.com

通信地址：河南省开封市顺河回族区明伦街 85 号河南大学黄河文明与可持续发展研究中心《黄河文明与可持续发展》编辑部

《黄河文明与可持续发展》简介

《黄河文明与可持续发展》主要刊载以黄河文明与沿岸地区可持续发展为研究主旨的学术论文，内容主要涉及黄河文明的传承与发展、沿黄地区的制度变迁与经济发展、黄河流域的生态与可持续发展等，涵盖历史学、考古学、地理学、生态学、经济学、社会学、民俗学与民间文学、民族学与人类学等多个学科领域。

《黄河文明与可持续发展》的常设栏目有：民俗与文化、古文字研究、历史与文明、地理与生态、经济与社会、历史地理研究等。

徽学

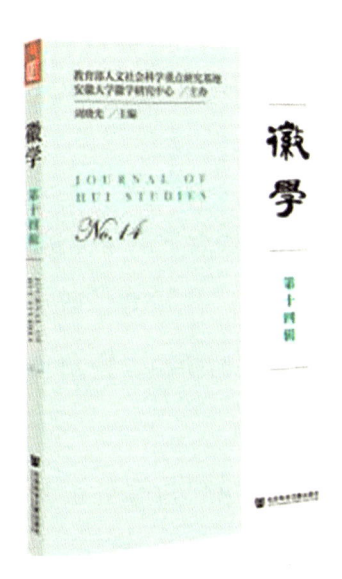

集刊名称：徽学

创刊时间：2001 年

创刊主编：朱万曙

现任主编：周晓光（安徽大学）

当前主办单位：安徽大学徽学研究中心

当前出版机构：社会科学文献出版社

出版总数：15 辑

出版周期：半年刊

投稿邮箱：huixuebjb@126.com

通信地址：安徽省合肥市蜀山区肥西路 3 号安徽大学徽学研究中心《徽学》编辑部

《徽学》简介

　　《徽学》由安徽大学徽学研究中心主办，主要刊发海内外高水平徽学研究成果，注重徽学研究的原创性，讲求学术性、理论性、前沿性，凡立论新颖、视角独特、不落陈窠、数据可靠的文章都极受欢迎。

　　《徽学》的常设栏目有：文书与文献、宗族与社会、徽商与经济、学术与文化、理论与综述、比较及其他等。

节日研究

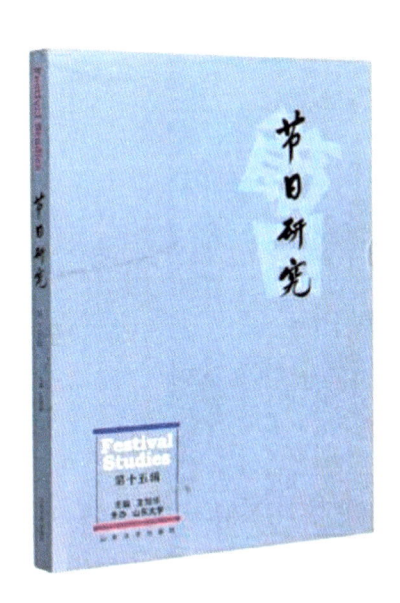

集刊名称：节日研究

创刊时间：2010 年

创刊主编：李松

现任主编：王加华（山东大学）

当前主办单位：山东大学

当前出版机构：山东大学出版社

出版总数：18 辑

出版周期：半年刊

投稿邮箱：jieriyanjiutougao@163.com

通信地址：山东省济南市历城区山大南路 27 号山东大学儒学高等研究院《节日研究》编辑部

《节日研究》简介

《节日研究》采用广义的"节日"定义,包括节日、祭典、庙会、歌会等,提倡以节日为话题的民俗学、人类学、历史学、社会学、民族学、宗教学、经济学、教育学、艺术学等多学科研究。《节日研究》秉承学术性、开放性和实践性的原则,主要刊发国内外节日研究的学术论文、调查报告、学术批评等,旨在构建一个高端、开放、深度的中国节日研究学术平台,提高中国节日文化理论与实践研究水平,从而服务于学术发展、人才培养与和谐社会建设。

《节日研究》的常设栏目有:理论与方法探索、节日史研究、节日观察、田野研究、海外研究译介、学术动态、书评等。

民族史研究

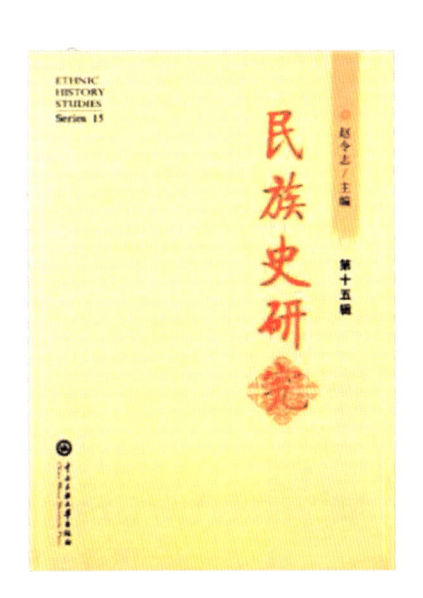

集刊名称：民族史研究

创刊时间：1999 年

创刊主编：彭勇

现任主编：赵令志（中央民族大学）

主办单位：中央民族大学历史文化学院

出版机构：中央民族大学出版社

出版总数：15 辑

出版周期：年刊

《民族史研究》简介

《民族史研究》由中央民族大学历史文化学院主办，提倡民族关系史、地区民族史、华夏汉族史、中华民族形成史及民族地区历史地理等多角度、多层面、多方位的研究，立足于"两岸三地"关于民族研究的新成果，以中国民族研究为主，但绝不仅限于中国，期待有关中国民族与世界交往，以及世界各民族研究的新成果。

《民族史研究》的常设栏目有：民族历史、民族考古、研究述评、民族地理等。

蜀学

集刊名称：蜀学

创刊时间：2006 年

创刊主编：舒大刚

现任主编：潘书闲（西华大学）

当前主办单位：西华大学四川省人民政府文史研究馆蜀学研究中心

当前出版机构：巴蜀书社

出版总数：19 辑

出版周期：半年刊

投稿邮箱：shuxue2003@126.com

通信地址：四川省成都市郫都区红光大道 9999 号西华大学四川省人民政府文史研究馆蜀学研究中心《蜀学》编辑部

《蜀学》简介

《蜀学》旨在弘扬中华学术，登载关于蜀学理论、蜀学思想、蜀学史、蜀中学者研究和蜀学文献研究的论文。为承继蜀学传统，繁荣中华学术，《蜀学》黾勉竭力，行健自强。倡导求新辨难、朴素谨严、持理争鸣的学风。

《蜀学》的常设栏目有：蜀中名人研究、蜀学文献、蜀学史论、蜀学书评、蜀学史料、蜀学访谈、蜀学杂谭、巴蜀文献等。

《蜀学》已入选南京大学"中文社会科学引文索引"（CSSCI）来源集刊。

西北民族论丛

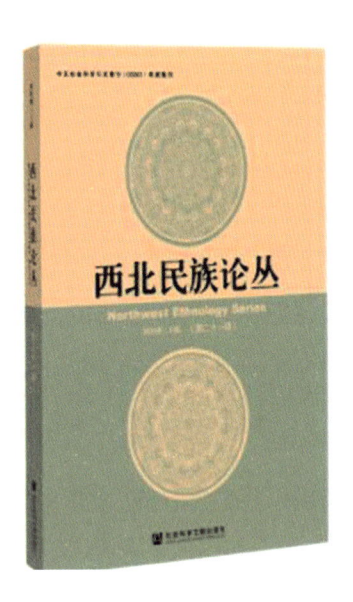

集刊名称：西北民族论丛

创刊时间：2002 年

创刊主编：周伟洲

现任主编：周伟洲（陕西师范大学）

当前主办单位：陕西师范大学西北民族研究中心

当前出版机构：社会科学文献出版社

出版总数：23 辑

出版周期：半年刊

投稿邮箱：xbmzlc@ snnu. edu. cn

通信地址：陕西省西安市雁塔区长安南路 199 号陕西师范大学中国西部边疆研究院《西北民族论丛》编辑部

《西北民族论丛》简介

《西北民族论丛》的宗旨是繁荣学术，服务现实，形式多样，不断创新，以西北民族为研究重点，主要方向为西北民族史与民族关系史、西北民族与邻国交流史、西北民族宗教文化研究、西北民族地区自然环境与社会发展研究等。从学科来讲，西北民族研究不仅涉及历史学中的民族史、中外关系史、历史地理、历史文献学、科技史、文物考古等学科，而且涉及民族学、社会学、地理学、法学、经济学等人文社会大学科。

《西北民族论丛》的常设栏目有：特稿、近现代新疆研究、西北民族史研究、古代民族史研究等。

《西北民族论丛》已入选南京大学"中文社会科学引文索引"（CSSCI）来源集刊。

西南边疆民族研究

集刊名称：西南边疆民族研究

创刊时间：2003 年

创刊主编：方铁

现任主编：何明（云南大学）

当前主办单位：云南大学西南边疆少数民族研究中心

当前出版机构：社会科学文献出版社

出版总数：29 辑

出版周期：半年刊

投稿邮箱：xnbjmzyj@163.com

通信地址：云南省昆明市玉华区翠湖北路 2 号云南大学文津楼 A 座 310 室《西南边疆民族研究》编辑部

《西南边疆民族研究》简介

《西南边疆民族研究》始终坚持正确办刊方向,在中华民族共同体研究、西南民族研究、东南亚南亚研究、"一带一路"与边疆发展研究、历史民族学、民族学人类学理论等领域形成了鲜明的办刊特色和平台优势,为以铸牢中华民族共同体意识为主线做好新时代民族工作,推动中国特色民族学人类学学科建设,做出应有的贡献。《西南边疆民族研究》主要刊载民族学、人类学、跨境民族和边疆问题、东南亚研究和相关学科的学术论文、研究报告、综述、书评和学术动态。

《西南边疆民族研究》的常设栏目有:民族史研究、边疆研究、宗教文化研究、民族社会研究、宗教人类学、法律人类学、发展问题研究等。

《西南边疆民族研究》已入选南京大学"中文社会科学引文索引"(CSSCI)来源集刊。

西夏学

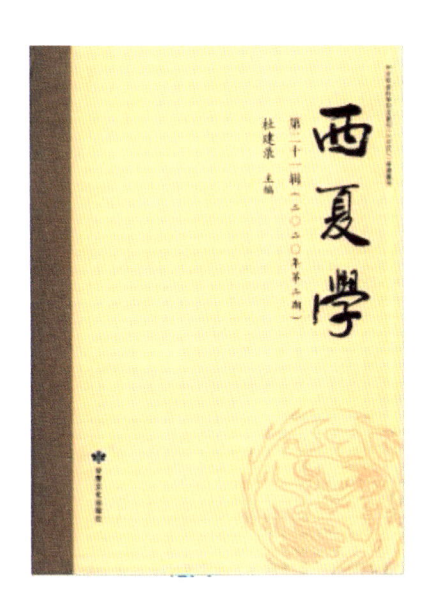

集刊名称：西夏学

创刊时间：2006 年

创刊主编：杜建录

现任主编：杜建录（宁夏大学）

当前主办单位：宁夏大学西夏学研究院

当前出版机构：甘肃文化出版社

出版总数：23 辑

出版周期：半年刊

投稿邮箱：xxxjk@nxu.edu.cn

通信地址：宁夏回族自治区银川市西夏区文萃北街 217 号宁夏大学西夏学研究院《西夏学》编辑部

《西夏学》简介

《西夏学》主要刊登有关西夏政治、经济、军事、文化、民族、宗教、艺术、文献、语言、文字、文物考古以及黑水城文献研究等领域的学术成果，旨在推动学术研究，展示国内外西夏学最新研究成果。

《西夏学》的常设栏目有：西夏历史研究、西夏文物考古研究、西夏文献研究、西夏语言文献研究、黑水城文献研究等。

《西夏学》已入选南京大学"中文社会科学引文索引"（CSSCI）来源集刊。

元史及民族与边疆研究集刊

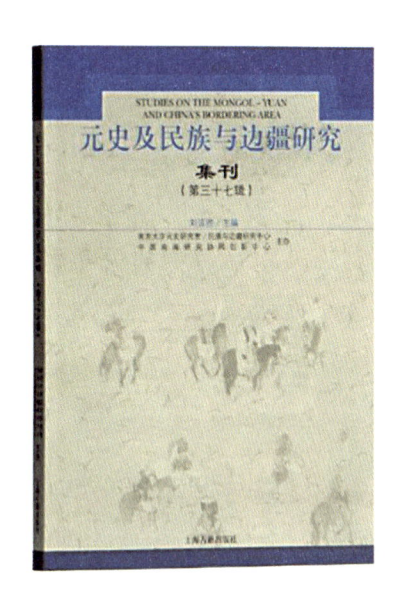

集刊名称：元史及民族与边疆研究集刊

创刊时间：1977 年

创刊主编：南京大学历史系元史组

现任主编：刘迎胜（南京大学）

当前主办单位：南京大学元史研究室、南京大学民族与边疆研究中心

当前出版机构：上海古籍出版社

出版总数：40 辑

出版周期：半年刊

投稿邮箱：njuys@hotmail.com

通信地址：江苏省南京市栖霞区仙林大道 163 号南京大学历史学院《元史及民族与边疆研究集刊》编辑部

《元史及民族与边疆研究集刊》简介

《元史及民族与边疆研究集刊》以新观点、新方法、新材料为主题，坚持"期期精彩、篇篇可读"的理念，内容翔实，观点新颖，文章可读性强，信息量大，是业内较有影响力的集刊之一。

《元史及民族与边疆研究集刊》的常设栏目有：元史研究、民族宗教与边疆研究、海疆与海洋活动史研究、文献研究、读书札记、译文等。

《元史及民族与边疆研究集刊》已入选南京大学"中文社会科学引文索引"（CSSCI）来源集刊。

藏学学刊

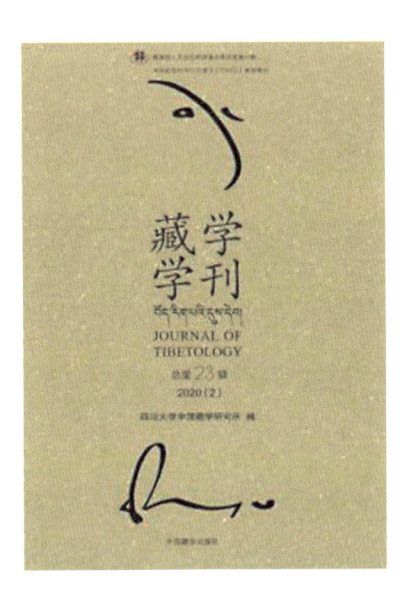

集刊名称：藏学学刊

创刊时间：2005 年

创刊主编：霍巍、李永宪

现任主编：霍巍、石硕（四川大学）

当前主办单位：四川大学中国藏学研究所

当前出版机构：中国藏学出版社

出版总数：25 辑

出版周期：半年刊

投稿邮箱：zangxuexuekan@163.com

通信地址：四川省成都市武侯区望江路 29 号四川大学中国藏学研究所《藏学学刊》编辑部

《藏学学刊》简介

　　《藏学学刊》作为面向海内外公开发行的藏学研究园地，旨在搭建藏学研究的学术交流平台，致力于藏区现状与社会经济发展、藏族历史与宗教、西藏考古与艺术以及与藏学相关的诸多方面的研究。

　　《藏学学刊》的常设栏目有：藏区考古、藏学历史文献、宗教与民族研究、藏地风俗、佛教史等。

　　《藏学学刊》已入选南京大学"中文社会科学引文索引"（CSSCI）来源集刊。

中国边疆民族研究

集刊名称：中国边疆民族研究

创刊时间：2008 年

创刊主编：达力扎布

现任主编：达力扎布（中央民族大学）

当前主办单位：中央民族大学中国边疆历史与地理研究基地

当前出版机构：中央民族大学出版社

出版总数：12 辑

出版周期：年刊

投稿邮箱：history985@126.com

通信地址：北京市海淀区中关村南大街 27 号中央民族大学历史文化学院《中国边疆民族研究》编辑部

《中国边疆民族研究》简介

《中国边疆民族研究》旨在坚持百家争鸣，鼓励学术创新，促进中国民族史和边疆历史地理研究的深入，为繁荣学术服务。《中国边疆民族研究》收录文章以中国边疆民族地区历史与地理研究的成果为主，兼及其他方面，内容包括中国边疆民族历史与地理、中国少数民族法制史、宗教史、民俗、民族语文历史文献、汉文有关少数民族历史古籍等方面的研究成果，有关边疆少数民族的社会学、民族学、语言学调查的优秀成果以及现实民族问题调查报告。

《中国边疆民族研究》的常设栏目有：专题论文、研究综述、国外论著译文、书评、学术评论等。

中国边疆学

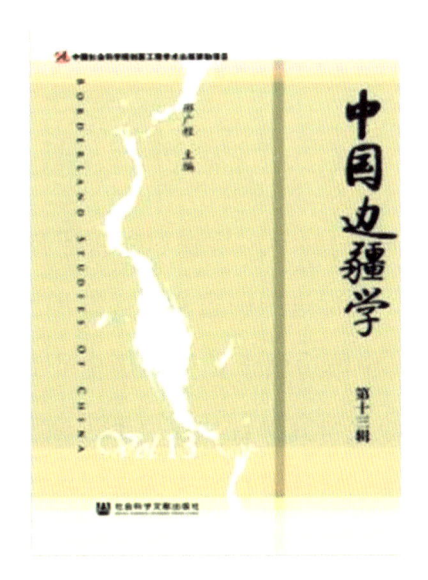

集刊名称：中国边疆学

创刊时间：2013 年

创刊主编：邢广程

现任主编：邢广程（中国社会科学院）

当前主办单位：中国社会科学院中国边疆研究所

当前出版机构：社会科学文献出版社

出版总数：15 辑

出版周期：半年刊

投稿邮箱：zgbjx@cass.org.cn

通信地址：北京市东城区建国门内大街 5 号中国社会科学院中国边疆研究所 5 层中段《中国边疆学》编辑部

《中国边疆学》简介

《中国边疆学》旨在以习近平新时代中国特色社会主义思想为指导,为促进中国边疆地区发展服务,为中国边疆学学科建设服务。《中国边疆学》坚持历史研究与现实研究并重,坚持基础研究与应用研究融合,致力于边疆研究多学科融合,全面推动中国边疆学学科体系、学术体系、话语体系建设。

《中国边疆学》的常设栏目有:边政研究、海疆研究、西南边疆研究、东北边疆研究、边疆治理研究、文献研究、边疆理论研究、西北边疆研究等。

《中国边疆学》已入选南京大学"中文社会科学引文索引"(CSSCI)来源集刊。

中国回族学

集刊名称：中国回族学

创刊时间：2005 年

创刊主编：马宗保

现任主编：马宗保、梁向明（宁夏大学）

当前主办单位：宁夏大学回族研究院

当前出版机构：社会科学文献出版社

出版总数：6 辑

出版周期：年刊

投稿邮箱：nxdxzghzx@126.com

通信地址：宁夏回族自治区银川市西夏区文萃北街 217 号宁夏大学回族研究院《中国回族学》编辑部

《中国回族学》简介

　　《中国回族学》坚持学术本位，服务党和政府决策，着力引领回族学学科发展和学风建设，所刊学术论文主要涉及民族学（回族学）学科理论与研究方法、民族理论与民族政策，以及回族社会与经济、回族历史与宗教、回族文学与文化、回族文献与人物、海外回族等学术领域。同时，本刊也注重人才培养特别是青年学者培养。新时代，《中国回族学》将继续以兼容并包的学术态度，鼓励学术创新，推动学术发展，努力将《中国回族学》打造成民族学（回族学）领域重要的学术交流平台。

　　《中国回族学》的常设栏目有：学术论文、学术译丛、社会·文化、宗教·哲学、经济·法律等。

中国民族学

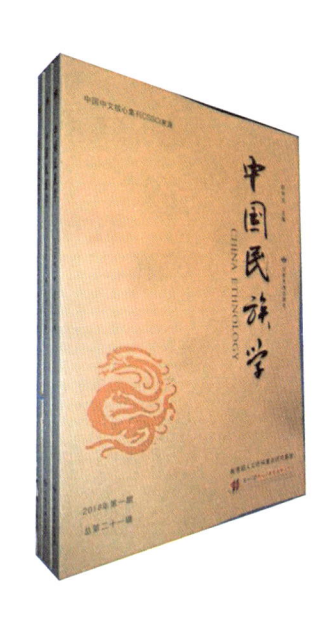

集刊名称：中国民族学

创刊时间：2008 年

创刊主编：杨建新

现任主编：赵利生（兰州大学）

当前主办单位：兰州大学西北少数民族研究中心

当前出版机构：甘肃民族出版社

出版总数：28 辑

出版周期：半年刊

投稿邮箱：biancheng20000@163.com

通信地址：甘肃省兰州市城关区嘉峪关西路 9 号兰州大学衡山堂 4 楼兰州大学西北少数民族研究中心《中国民族学》编辑部

《中国民族学》简介

《中国民族学》旨在以马列主义、毛泽东思想、邓小平理论、"三个代表"重要思想、科学发展观、习近平新时代中国特色社会主义思想为指导，坚持科学性立场，提倡求真务实、独立思考、不断创新的治学精神，立足中国特色民族学，倡导学科交叉，兼及人类学、历史学、社会学、政治学、民俗学、宗教学等学科，为构建中国特色哲学社会科学学科体系、学术体系、话语体系服务。刊物注重基础理论的探讨，倡导理论联系实际的学风；关注学界热点、难点问题，以及边缘学科、前沿学科和交叉学科的研究，不仅刊登基于史料文献的研究，也刊登基于实地调查的民族志报告，尤其欢迎具有原创性的长篇论文。

《中国民族学》的常设栏目有：民族关系、人类学研究、民族社会、民族文化心理、民族旅游等。

《中国民族学》已入选南京大学"中文社会科学引文索引"（CSSCI）来源集刊。

中国山地民族研究集刊

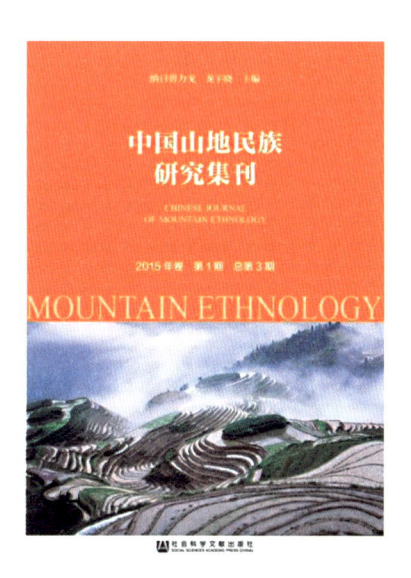

集刊名称：中国山地民族研究集刊

创刊时间：2013 年

创刊主编：纳日碧力戈

现任主编：纳日碧力戈、龙宇晓（贵州师范学院）

当前主办单位：贵州师范学院贵州民族学与人类学高等研究院、贵州师范学院中国山地民族研究中心

当前出版机构：社会科学文献出版社

出版总数：6 辑

出版周期：半年刊

投稿邮箱：zgmountains@163.com

通信地址：贵州省贵阳市乌当区高新路 115 号贵州师范学院贵州民族学与人类学高等研究院《中国山地民族研究集刊》编辑部

《中国山地民族研究集刊》简介

《中国山地民族研究集刊》是中国首份以"山地民族研究"为核心主题的学术刊物,秉持学术性、开放性和实践性的原则,突出本土化、国际化、跨学科的办刊特色,确立贵州经验、中国实践、面向世界的学术定位,旨在构建一个高端、开放、深度的中国山地民族研究学术平台,提高中国山地民族研究的理论与实践水平,推动中国山地民族经验走向世界,从而服务于学术发展、人才培养与和谐社会建设。

《中国山地民族研究集刊》的常设栏目有:山地文化多样性传承与创新、山地生物多样性资源认知与利用、山地文献遗产与社会记忆、山地民族开发史、山地民族研究动态等。

中国俗文化研究

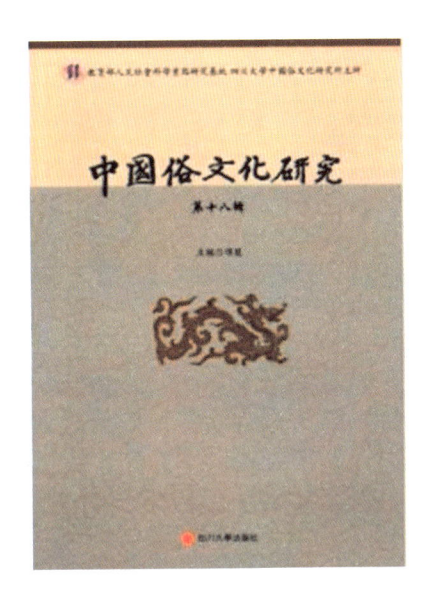

集刊名称：中国俗文化研究

创刊时间：2003 年

创刊主编：项楚

现任主编：项楚（四川大学）

当前主办单位：四川大学中国俗文化研究中心

当前出版机构：四川大学出版社

出版总数：20 辑

出版周期：半年刊

投稿邮箱：zhongguoswh@163.com

通信地址：四川省成都市武侯区望江路 29 号四川大学中国俗文化研究中心《中国俗文化研究》编辑部

《中国俗文化研究》简介

《中国俗文化研究》由教育部人文社会科学重点研究基地四川大学中国俗文化研究中心主办，主要登载有关中国俗文化的研究成果，以及国内各民族间、中外之间文化交流的比较性研究论文，内容涵盖中国俗文化领域内的各种传统学科、新兴学科和交叉性学科，诸如文学、史学、哲学、宗教学、伦理学、美学、艺术学、考古学、文字学、音韵学、训诂学、目录学、版本学、校勘学、敦煌吐鲁番学、政治学、军事学、经济学、博物学、科技史学、民俗学、少数民族学等。

《中国俗文化研究》的常设栏目有：俗语言研究、俗文学研究、俗信仰研究、风俗及其他文化研究、望江楼论坛、书刊品评等。

中国西南文化研究

集刊名称：中国西南文化研究

创刊时间：1996 年

创刊主编：纳麒

现任主编：杨福泉（云南省社会科学院）

当前主办单位：云南省社会科学院历史研究所

当前出版机构：云南人民出版社

出版总数：28 辑

出版周期：年刊

通信地址：云南省昆明市西山区环城西路 577 号云南省社会科学院历史研究所《中国西南文化研究》编辑部

《中国西南文化研究》简介

《中国西南文化研究》在"文革"前创刊的《云南省历史研究所研究集刊》的基础上改版而来,已成为云南历史研究、西南文化研究的重要园地。《中国西南文化研究》以追踪学术前沿、反映时代主题、弘扬优秀文化、促进民族团结为宗旨,提倡将西南文化和具体学科特点相融合,突出区域研究特色,融地理、文学、社会、历史、语言、对外交流等于一体,恪守学术思想自由,鼓励学术创新和争鸣,旨在推出高水平西南文化研究成果,助推边疆学术文化发展。主要刊发有关文化理论研究与文化建设、中国西南地区思想文化、教育、法律、宗教、艺术、考古、社会生活、历史文献和历史文化名人等方向的专题论文、研究报告、访谈录、译作和书评。

《中国西南文化研究》的常设栏目有:西南社会生活、民族文化研究、对外关系、宗教与历史、边疆语言、文化史等。

综合人文
Integrated Humanities

城市文化评论

集刊名称：城市文化评论

创刊时间：2006 年

创刊主编：高小康

现任主编：田根胜、黄忠顺（东莞理工学院）

当前主办单位：东莞理工学院城市文化研究中心

当前出版机构：首都师范大学出版社

出版总数：16 辑

出版周期：年刊

投稿邮箱：609009@163.com

通信地址：广东省东莞市松山湖大学路 1 号《城市文化评论》编辑部

《城市文化评论》简介

　　《城市文化评论》以中国当代城市文化发展问题为中心，以中国当代特大都市圈文化发展研究为重点，以高速成长型新兴中型城市文化研究为特色，以以城市文化美学为焦点的多学科交叉理论探讨为学术支撑，以城市文化与非物质文化遗产关系研究为优势领域，基础理论研究、文化管理对策探讨、城市文化批评、文化产业策划等多层次内容相结合。

　　《城市文化评论》的常设栏目有：专家视野、学术前沿、特选议题、"双三角"论坛、城市与非物质文化遗产、城市与人等。

东方丛刊

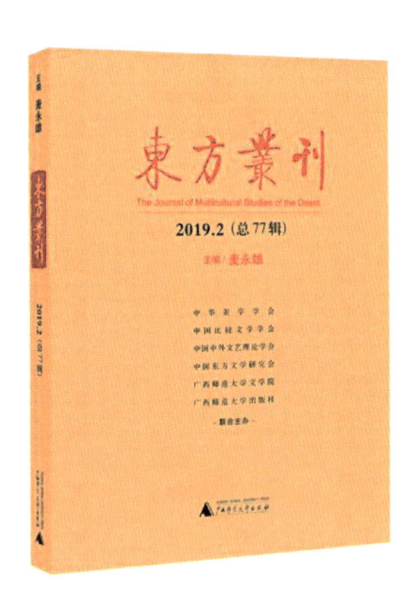

集刊名称：东方丛刊

创刊时间：1993 年

创刊主编：梁潮

现任主编：麦永雄（广西师范大学）

当前主办单位：中国美学学会等

当前出版机构：广西师范大学出版社

出版总数：77 辑

出版周期：半年刊

投稿邮箱：dfckbjb2018@126.com

通信地址：广西壮族自治区桂林市七星区育才路 15 号广西师范大学文学院《东方丛刊》编辑部

《东方丛刊》简介

《东方丛刊》以弘扬东方文化的优良传统，推动深入研究与阐发东方文化、东方美学、中国诗学理论的现代价值和意义为宗旨，以推动有中国特色的社会主义文学研究和文化研究为目标，倡导"百花齐放"和"百家争鸣"，坚持学术质量第一的方针，扶植具有原创性和民族特色的学术研究，为中国东方学和中国文化研究提供高层次的专业学术论坛。

《东方丛刊》的常设栏目有：中国学术视野、东方审美文化、东方文化与文学研究、东方诗学、东方美学、东方论坛、比较研究、域外媒介理论、域外译丛、古典新绎、文化传媒研究、东方文库等。同时根据实际情况灵活设置动态栏目，包括学术访谈、东方笔谈、国际视野、中国—东盟文学研究、博士文库、青年论坛等。

都市文化研究

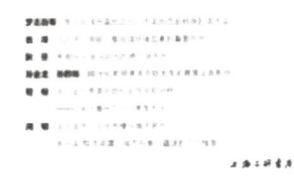

集刊名称：都市文化研究

创刊时间：2005 年

创刊主编：孙逊

现任主编：苏智良、陈恒（上海师范大学）

当前主办单位：上海师范大学都市文化研究中心

当前出版机构：上海三联书店

出版总数：25 辑

出版周期：半年刊

投稿邮箱：dswhyj@126.com

通信地址：上海市徐汇区桂林路 100 号上海师范大学东部文苑楼人文学院都市文化研究中心《都市文化研究》编辑部

《都市文化研究》简介

《都市文化研究》坚持以都市文化研究为基础，吸收该领域的最新研究成果，兼顾相关前沿问题的探讨，进行跨学科、跨文化的综合研究。刊物既及时了解国外都市文化研究的最新发展，特别是理论和方法论上的新发展和新变化，又结合中国都市文化的具体实际，进行深入研究，务求国际性、开放性与多元性、本土性相结合。

《都市文化研究》每期设置一个主题，常设栏目有城市起源、移民与城市、城市发展、城市设计史、城市文化、城市政治、环境与城市、城市与乡村等，以及当代都市文化、国际都市文化、都市文化史、文学中的都市文化、艺术中的都市文化、影视与媒体中的都市文化、焦点人物、访谈、书评、新书推荐、名刊介绍、文献索引等定期或不定期栏目。

《都市文化研究》已入选南京大学"中文社会科学引文索引"（CSSCI）来源集刊。

复旦汉学论丛

集刊名称：复旦汉学论丛

创刊时间：1997 年

创刊主编：陈仁凤、王国安

现任主编：吴中伟（复旦大学）

当前主办单位：复旦大学国际文化交流学院汉学研究室

当前出版机构：复旦大学出版社

出版总数：11 辑

出版周期：年刊

通信地址：上海市杨浦区邯郸路 220 号复旦大学国际文化交流学院《复旦汉学论丛》编辑部

《复旦汉学论丛》简介

《复旦汉学论丛》由复旦大学国际文化交流学院汉学研究室主办，从创办之日起，就以服务于汉语国际教育事业和学科的发展为己任，着眼于汉语国际教育事业，倡导新兴学科建设，从理论高度去思考问题、解决问题，承担起发展学科、开拓事业的历史重任。

《复旦汉学论丛》的常设栏目有：汉语教学研究、汉语学习研究、汉语传播中的跨文化问题研究、汉语与中国文化的本体研究等。

桂学研究

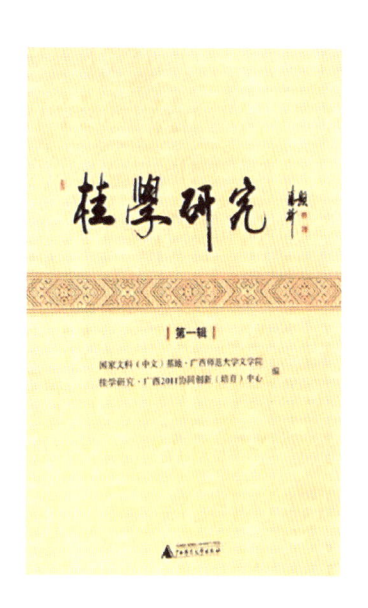

集刊名称：桂学研究

创刊时间：2014 年

创刊主编：胡大雷

现任主编：黄伟林、刘铁群（广西师范大学）

当前主办单位：桂学研究院、广西师范大学文学院/新闻与传播学院

当前出版机构：广西师范大学出版社

出版总数：7 辑

出版周期：半年刊

投稿邮箱：guixueyanjiu@163.com

通信地址：广西壮族自治区桂林市七星区育才路 15 号广西师范大学文学院/新闻与传播学院《桂学研究》编委会

《桂学研究》简介

《桂学研究》以"根植岭南八桂民族土壤，打造新型地域文化之学"为宗旨，倡导高水平、有新意、扎实、科学、规范、严谨的学风。《桂学研究》的目的和意义在于：一为和谐的西南边疆治理生态提供学术支持；二为广西经济发展提供更加广阔的人文空间；三为中华优秀文化发展传播提供智力支撑；四为建立桂学研究的学术体系，推动桂学成为新型地域文化之学。

《桂学研究》的常设栏目有特约专稿、理论研究、古代桂学、现代桂学、当代桂学、桂学应用、桂学访谈、桂学动态等，还开设广西与东盟研究、广西与"一带一路"研究、广西民俗研究、广西民族研究、广西语言研究、桂学国际传播等专题。

综合人文

国际文化管理

集刊名称：国际文化管理

创刊时间：2012 年

创刊主编：吴承忠、（美）阿瑟亚德

现任主编：吴承忠、唐少清（对外经济贸易大学）

当前主办单位：对外经济贸易大学文化与休闲产业研究中心

当前出版机构：对外经济贸易大学出版社

出版总数：7 辑

出版周期：年刊

投稿邮箱：gjwhglyj@163.com

通信地址：北京市朝阳区惠新东街 10 号对外经济贸易大学公共管理学院宁远楼 615 室
《国际文化管理》编辑部

《国际文化管理》简介

《国际文化管理》是对外经济贸易大学文化与休闲产业研究中心主办的综合性学术刊物，着眼于国际文化管理方面的各种成果荟萃，旨在搭建一个专业的学术交流平台，倡导多学科、综合性和专业性相结合，鼓励自由争论和学术创新。

《国际文化管理》的常设栏目有：文化创意经济、社会媒体、休闲旅游、学科建设与研究、文化产业管理专业的发展困境、商标与区域文化产业发展、文化科技融合等。

国学论衡

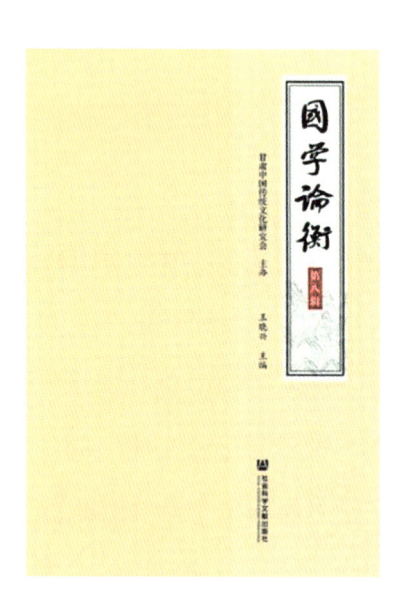

集刊名称：国学论衡

创刊时间：1998 年

创刊主编：杨子彬

现任主编：王晓兴（兰州大学）

当前主办单位：甘肃中国传统文化研究会

当前出版机构：社会科学文献出版社

出版总数：9 辑

出版周期：年刊

投稿邮箱：gsgxlh@163.com

《国学论衡》简介

《国学论衡》以"华夏文明传承创新"为主题,旨在为从事中国传统文化、国学研究的学者提供学术交流之平台,通过学术研究增进对中国传统文化和国学的理解和诠释,推动中国传统文化和国学与世界文化和文明之间的对话,以理性考量塑造未来中国文化和学术思考。《国学论衡》主要刊登有关国学及中国传统文化不同学科的、各种议题的学术论文,尤其是跨学科、就具体问题进行基础性或前瞻性、探索性研究的论文和中外比较视域下的学术论文,以及相关内容的书评、札记与学界动态等。

《国学论衡》的常设栏目有:圆桌论坛、哲思论道、经史考辨、地域文化、神秘文化、文化视点、当代思潮、比较视野、传统与现代、学人访谈、学界动态等。

国学研究

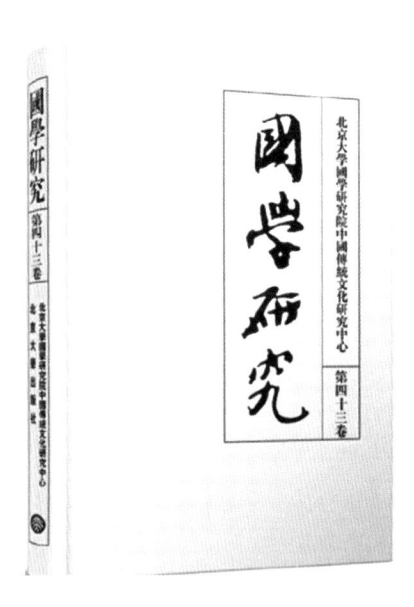

集刊名称：国学研究

创刊时间：1993 年

创刊主编：袁行霈

现任主编：袁行霈（北京大学）

当前主办单位：北京大学国学研究院

当前出版机构：中华书局

出版总数：46 辑

出版周期：半年刊

投稿邮箱：skbgq@pku.edu.cn

通信地址：北京市海淀区颐和园路 5 号北京大学大雅堂《国学研究》编辑部

《国学研究》简介

《国学研究》旨在弘扬中华民族优秀的传统文化，遵循实事求是的学风，鼓励在学术问题上大胆探索，努力创新。《国学研究》登载有关中国传统文化的学术论文，跨学科的综合研究与专题研究并重。内容涵盖以下研究领域：古代文学、近代文学、古代文论、文字学、音韵学、训诂学、目录学、版本学、校勘学、古代史、近代史、史学史、敦煌吐鲁番学、思想史、哲学史、宗教史、法律思想史、政治思想史、经济思想史、军事思想史、科技史、美学史、伦理学史、文化史、考古学、中外文化比较研究、中外文化交流史等。

《国学研究》的常设栏目有：古代历史、古代文学、古代思想史、国学人物、宋明理学、戏曲研究等。

《国学研究》已入选南京大学"中文社会科学引文索引"（CSSCI）来源集刊。

汉学研究

集刊名称：汉学研究

创刊时间：1996 年

创刊主编：阎纯德

现任主编：阎纯德（北京语言大学）

当前主办单位：北京语言大学首都国际文化研究基地

当前出版机构：学苑出版社

出版总数：31 辑

出版周期：半年刊

通信地址：北京市海淀区学院路 15 号北京语言大学首都国际文化研究基地《汉学研究》编辑部

《汉学研究》简介

汉学的产生是文化交流的结果，创办《汉学研究》即为强化国际文化交流，传播中国的优秀文化，吸纳外国的优秀文化，弘扬"中学西传"和"西学东渐"的文化精神，梳理、总结、研究数百年来中国文化的传播史。《汉学研究》内容涉及国内外汉学研究、海外汉学家等方面，涵盖不同国别的汉学研究历史述略、海外汉学家生平及研究成果、中国典籍传播研究、海外图书馆馆藏图书等方面，是国内汉学研究学者的重要学术阵地，已经成为国内和国际汉学研究界的学术重镇（如法国法兰西学院、索邦大学、巴黎国立东方语言文学学院，俄罗斯科学院远东研究所，美国哈佛—燕京学社等均收藏《汉学研究》）。

《汉学研究》的常设栏目有：国外汉语文化教学研究、书评与动态、汉学家论坛、国学特稿、春秋论坛等。

《汉学研究》已入选南京大学"中文社会科学引文索引"（CSSCI）来源集刊。

宏德学刊

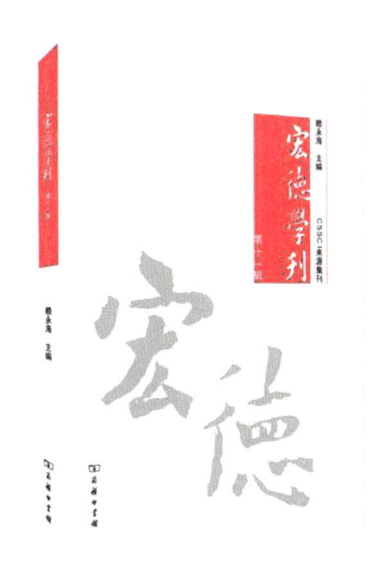

集刊名称：宏德学刊

创刊时间：2010 年

创刊主编：赖永海

现任主编：赖永海（南京大学）

当前主办单位：南京大学中华文化研究院、江苏宏德文化出版基金会

当前出版机构：商务印书馆

出版总数：15 辑

出版周期：半年刊

投稿邮箱：hongdexuekan@163.com

通信地址：江苏省南京市栖霞区仙林大道 163 号南京大学星云楼 409 室《宏德学刊》编辑部

《宏德学刊》简介

《宏德学刊》由南京大学中华文化研究院和江苏宏德文化出版基金会主办,以研究和弘扬中国传统文化为宗旨。

《宏德学刊》的常设栏目有:儒释道综合研究、中华语言文字研究、珍稀文献整理与研究、传统智慧与现代管理研究、中国文化遗产研究、传统价值观与道德建设研究、关于中国传统文化的研究综述、重要学术对话、书评等。

《宏德学刊》已入选南京大学"中文社会科学引文索引"(CSSCI)来源集刊。

华夏文化论坛

集刊名称：华夏文化论坛

创刊时间：2006 年

创刊主编：张福贵

现任主编：张福贵（吉林大学）

当前主办单位：吉林大学中国文化研究所

当前出版机构：吉林大学出版社

出版总数：26 辑

出版周期：半年刊

投稿邮箱：huaxiawenhualuntan@163.com

通信地址：吉林省长春市朝阳区前进大街 2699 号东荣大厦 208 室《华夏文化论坛》编辑部

《华夏文化论坛》简介

《华夏文化论坛》秉持弘扬中华传统优秀文化、繁荣社会主义人文科学的宗旨,以开阔的视野、创新的精神、多学科的视角容纳文学、史学、语言、哲学、艺术、传播等学科的优秀论文,开拓和深化中国文化研究,寻求人文社会科学整体性研究的深入发展,努力成为展示创造性学术成果的平台、百家争鸣的论坛。

《华夏文化论坛》的常设栏目有:文化传播研究、中国现当代文学研究、中国思想史论、中国古代文学与文论研究、汉语言文字研究、域外视野、名家讲坛、地域文化研究、文艺理论与美学研究等。

《华夏文化论坛》已入选南京大学"中文社会科学引文索引"(CSSCI)来源集刊。

岭南学报

集刊名称：岭南学报

创刊时间：2014 年

创刊主编：蔡宗齐

现任主编：蔡宗齐（香港岭南大学）

当前主办单位：香港岭南大学中文系

当前出版机构：上海古籍出版社

出版总数：15 辑

出版周期：半年刊

投稿邮箱：ljcs@ln.edu.hk

通信地址：香港特别行政区新界屯门岭南大学中文系《岭南学报》编辑部

《岭南学报》简介

《岭南学报》于2014年复刊,旨在继承发扬先辈岭南学者的优秀学术传统,为21世纪中国学的发展做出贡献。《岭南学报》不仅秉承原《岭南学报》赏奇析疑、追求学问的办刊宗旨,而且充分利用香港中西文化交流的地缘优势,努力把先辈赏奇析疑的论坛拓展为中外学者切磋学问的平台。

《岭南学报》的常设栏目有:抒情与叙事传统、中国文学里的他者、文史考索、语言文字考释、文史考证、文体与流派、经学探索、文学美学、历史文献发微等。

《岭南学报》已入选南京大学"中文社会科学引文索引"(CSSCI)来源集刊。

人文论丛

集刊名称：人文论丛

创刊时间：1998 年

创刊主编：冯天瑜

现任主编：陈锋（武汉大学）

当前主办单位：武汉大学中国传统文化研究中心

当前出版机构：武汉大学出版社

出版总数：36 辑

出版周期：半年刊

投稿邮箱：ricpapers@126.com

通信地址：湖北省武汉市武昌区八一路 299 号武汉大学中国传统文化研究中心《人文论丛》编辑部

《人文论丛》简介

《人文论丛》以弘扬中国传统文化为己任，个案研究与综合研究兼采，义理、考据、词章并重，涵盖文、史、哲诸人文学科。《人文论丛》欢迎有新见、理论性及逻辑性强、语言流畅的相关人文学科稿件。

《人文论丛》的常设栏目有：人文探寻、历史文化语义学、中国哲学与思想文化、中国文学、明清经济社会文化、文史考证、出土文献研究、学术述评等。

《人文论丛》已入选南京大学"中文社会科学引文索引"（CSSCI）来源集刊。

人文中国学报

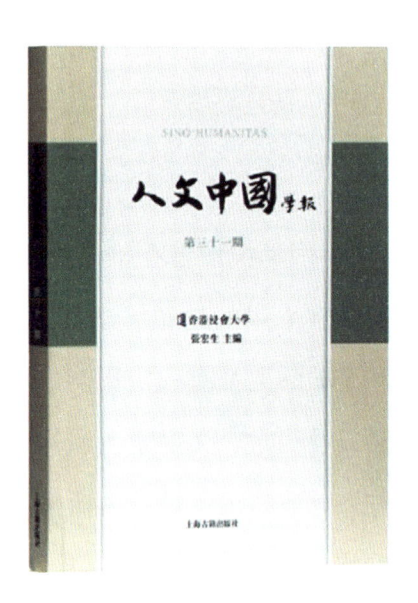

集刊名称：人文中国学报

创刊时间：1995 年

创刊主编：陈永明

现任主编：张宏生、卢鸣东（香港浸会大学）

当前主办单位：香港浸会大学

当前出版机构：上海古籍出版社

出版总数：33 辑

出版周期：半年刊

投稿邮箱：sinohum@ hkbu. edu. hk

通信地址：香港特别行政区九龙窝打街道 224 号香港浸会大学《人文中国学报》编辑部

《人文中国学报》简介

　　《人文中国学报》旨在推广中国人文学科之研究,提高中文文稿在国际学术界的地位。学报鼓励学术创新,提倡思想自由,在中国甚至国际上都有一定影响。主要刊载中国文学、历史、哲学等学科以及经学、文字学、域外汉学等研究领域之学术论文及书评稿件,论述特定领域新的研究心得,体现学术新动态,对相关领域的学术研究有一定的推动和参考作用。

　　《人文中国学报》的常设栏目有:论文、书评、专栏、戏剧影视研究专题、当代文学笔谈、词学研究专题等。

　　《人文中国学报》已入选南京大学"中文社会科学引文索引"(CSSCI)来源集刊。

三峡文化研究

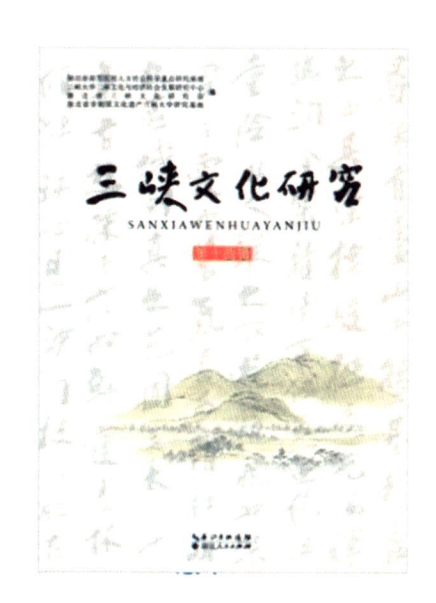

集刊名称：三峡文化研究

创刊时间：2001 年

创刊主编：冯天瑜、曹大明

现任主编：王祖龙（三峡大学）

当前主办单位：三峡大学三峡文化与经济社会发展研究中心、湖北省三峡文化研究会

当前出版机构：社会科学文献出版社

出版总数：15 辑

出版周期：年刊

投稿邮箱：sxwhyj@126.com

通信地址：湖北省宜昌市西陵区大学路 8 号三峡大学三峡文化与经济社会发展研究中心《三峡文化研究》编辑部

《三峡文化研究》简介

　　《三峡文化研究》主要刊载三峡历史文化、社会经济的相关学术成果，奉行开放性编辑方针，专题论文、问题争鸣、学术综述、书介书评、读史札记均受欢迎。《三峡文化研究》注重实证，提倡探索，要求文风朴实、论从史出、观点新颖、逻辑严密、引文准确、注释规范。

　　《三峡文化研究》的常设栏目有：区域地方文化研究、三峡研究与述评、三峡考古与历史、三峡文化艺术研究、三峡历史名人研究、三峡文化与旅游、宜昌开埠与大城建设、宜红古茶道研究等。

综合人文

思想与文化

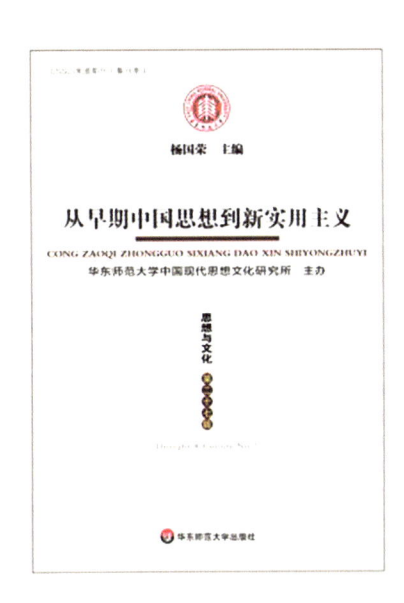

集刊名称：思想与文化

创刊时间：2001 年

创刊主编：杨国荣

现任主编：杨国荣（华东师范大学）

当前主办单位：华东师范大学中国现代思想文化研究所

当前出版机构：华东师范大学出版社

出版总数：28 辑

出版周期：半年刊

投稿邮箱：sixiangsuo@126.com

通信地址：上海市闵行区东川路 500 号华东师范大学中国现代思想文化研究所《思想与文化》编辑部

《思想与文化》简介

《思想与文化》主要以华东师范大学人文科学研究力量为基本依托，旨在推动中国思想与文化的传承与繁荣，倡导学术创新，秉承思想自由，着力推动传统思想历史的延续，积极拓展与海内外学者的学术联系，为中外学人搭建高级别学术交流平台，致力于文、史、哲等不同学科的学术创获，以中国现代思想文化研究为主体，兼顾中西思想文化的基础性研究，注重学术性、思想性与理论性的统一。

《思想与文化》的常设栏目有：经典研究、历史与文化、西方哲学、哲学教育、逻辑研究、青年学者论坛等。

《思想与文化》已入选南京大学"中文社会科学引文索引"（CSSCI）来源集刊。

文化发展论丛

集刊名称：文化发展论丛

创刊时间：2013 年

创刊主编：周海春

现任主编：江畅（湖北大学）

当前主办单位：湖北大学高等人文研究院等

当前出版机构：社会科学文献出版社

出版总数：19 辑

出版周期：年刊

投稿邮箱：375011115@qq.com

通信地址：湖北省武汉市武昌区友谊大道 368 号湖北大学高等人文研究院《文化发展论丛》编辑部

《文化发展论丛》简介

《文化发展论丛》以"崇尚智慧,弘扬精神"为理念,致力于打造湖北文化发展研究成果展示与传播的平台,为地方经济发展、繁荣社会主义文化提供支持和服务。《文化发展论丛》倡导学术研究的多元化和创新化,兼顾文化产业的发展,覆盖历史学、文学、社会学、经济学、文化学等诸多学科。一方面,《文化发展论丛》汇集中华文化发展湖北省协同创新中心诸位同人的最新研究成果,集中展示给国内外学界;另一方面,《文化发展论丛》也择优刊用各界人士和广大学者具有学术性、可读性、现实性和建设性的论文或研究报告。

《文化发展论丛》的常设栏目有:高端访谈、经典阐释、哲学与文化、人文思潮、地域文化、学人心语、文献资料、热点聚焦、症候分析、七纵八横等。

文化研究

集刊名称：文化研究

创刊时间：2000 年

创刊主编：荣长海

现任主编：周宪（南京大学）、陶东风（广州大学）

当前主办单位：南京大学人文社会科学高级研究院、广州大学人文学院

当前出版机构：社会科学文化出版社

出版总数：45 辑

出版周期：季刊

投稿邮箱：culstudies@163.com

《文化研究》简介

《文化研究》坚持以规范的学术理路编辑刊物，本着提倡学术争鸣、推动学术创新的宗旨，开辟特色专栏，共同推动文化研究事业在中国的发展。《文化研究》主要以专题形式呈现国内外文化研究领域的最新成果，既包括对西方文化研究理论的译介，又包括对国内重要文化现象的个案研究。

《文化研究》的常设栏目有：城市空间研究、记忆研究、媒体文化研究、城市影像与空间社会学、现代性及城市与情感等。

《文化研究》已入选南京大学"中文社会科学引文索引"（CSSCI）来源集刊。

湘学研究

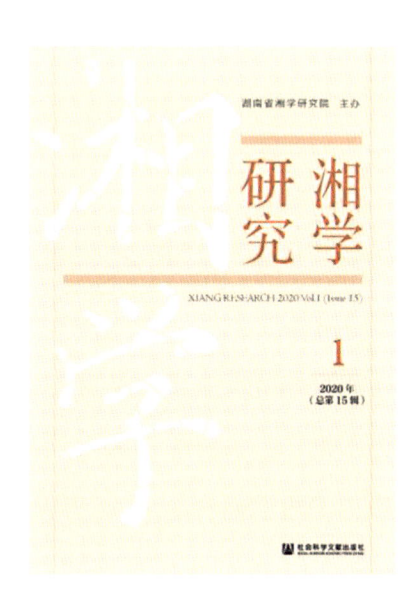

集刊名称：湘学研究

创刊时间：2013年

创刊主编：刘建武

现任主编：贺培育（湖南省社会科学院）

当前主办单位：湖南省湘学研究院

当前出版机构：社会科学文献出版社

出版总数：18辑

出版周期：半年刊

投稿邮箱：xiangxueyj@163.com

通信地址：湖南省长沙市开福区德雅路浏阳河村巷7号湖南省社会科学院《湘学研究》编辑部

《湘学研究》简介

　　源远流长、博大精深的千年湘学是中华传统文化的重要组成部分。湖南以其厚重的文化底蕴和独特的文化张力,孕育了一大批经邦济世的杰出人才,为推动中国社会变革和发展做出了重要贡献。研究湘学、弘扬湘学乃发展湖南和当代中国、繁荣中华文明之要务。《湘学研究》系湖南省湘学研究院主办的学术集刊,收录国内湘学研究的高水平成果,内容涵盖湘学研究的基本理论、湘学与国学的关系、湘学文献搜集整理与研究、国内各地域文化与湘学的比较研究、湘学传统与湖南现代化研究、湘学与当代湖南发展研究、湘学与当代中国发展研究等方面。

　　《湘学研究》主要设置了中国传统文化、湘学专题研究、湖南人文历史、湖南区域文化史、湖湘文化、湘学人物、湘学文献整理研究、流域文化研究、传统文化笔谈等栏目。

扬州文化研究论丛

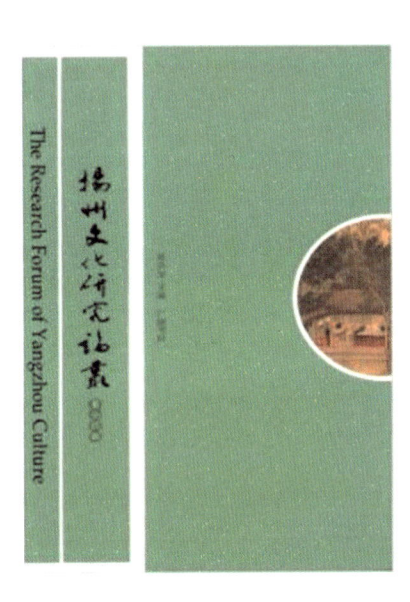

集刊名称：扬州文化研究论丛

创刊时间：2008 年

创刊主编：赵昌智

现任主编：赵昌智（扬州市政协）

当前主办单位：扬州文化研究会

当前出版机构：广陵书社

出版总数：26 辑

出版周期：年刊

通信地址：江苏省扬州市广陵区文昌中路 460 号扬州文化研究会《扬州文化研究论丛》编辑部

《扬州文化研究论丛》简介

《扬州文化研究论丛》起源于扬州文化研究会和扬州学派研究会2006年创办的内部刊物，2008年正式创刊后公开出版发行。《扬州文化研究论丛》的定位是从学术层面对扬州文化进行研究，重点是清代扬州学派、文选学、运河文化、非物质文化遗产、人文精神等，以新观点、新方法、新材料为主题，坚持"期期精彩、篇篇可读"的理念，强调区域文化研究要有自信心、自豪感，"不可自我封闭，更不可有乡曲之私"。《扬州文化研究论丛》内容翔实，观点新颖，文章可读性强，信息量大。

《扬州文化研究论丛》的常设栏目有：扬州学派研究、《扬州文库》研究、文选学研究、文化遗产研究、邗城史探、广陵才俊、维扬艺文、典籍选刊、学人笔札、书评等。

原道

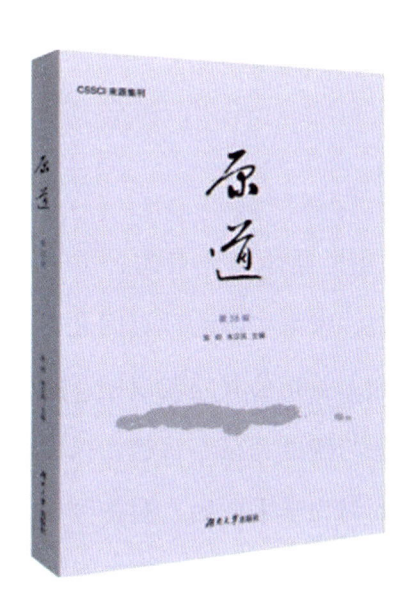

集刊名称：原道

创刊时间：1994 年

创刊主编：陈明

现任主编：陈明（首都师范大学）、朱汉民（湖南大学）

当前主办单位：湖南大学岳麓书院国学研究与传播中心

当前出版机构：湖南大学出版社

出版总数：42 辑

出版周期：半年刊

投稿邮箱：yuandao1994@163.com

通信地址：湖南省长沙市岳麓区山南路湖南大学岳麓书院《原道》编辑部

《原道》简介

《原道》秉承"士尚志,志于道"的宗旨,专注阐扬华夏治理大智慧,求解中国治理真问题,秉持儒家立场情怀,兼收社会科学新知,关切公共领域议题,参赞治理秩序生发,以深入研讨儒家思想与制度为核心旨趣,以促进与其他思想流派的深度对话与理性商讨为学术取向,对古今中国治理之道进行探索追问,并从思想和现实的互动关系中去阐程和建构儒学新形态。

《原道》的常设栏目有:思想与学术、儒学研究、读书与评论、百家论道、处士横议、儒者行思等。

《原道》已入选南京大学"中文社会科学引文索引"(CSSCI)来源集刊。

知识分子论丛

集刊名称：知识分子论丛

创刊时间：2003 年

创刊主编：许纪霖

现任主编：许纪霖、刘擎（华东师范大学）

当前主办单位：华东师范大学-不列颠哥伦比亚大学现代中国与世界联合研究中心

当前出版机构：江苏人民出版社

出版总数：16 辑

出版周期：年刊

投稿邮箱：zsfzlc@163.com

通信地址：上海市闵行区东川路 500 号华东师范大学思勉人文高等研究院中国现代思想研究中心《知识分子论丛》编辑部

《知识分子论丛》简介

  《知识分子论丛》是综合性人文学术集刊,以其思想性与学术性兼具的独特定位,瞄准中西方学术前沿,紧扣时代的思想脉搏,追求有思想的学术与有学术的思想,恪守学术自由原则,鼓励学术争鸣,在学术界产生了相当大的影响。

  《知识分子论丛》每辑都有一个核心主题,开设西方思想研究、中国思想研究等栏目,包括中国思想史、中国知识分子研究以及亚洲思想史等相关学术论文,也包括高质量的译稿。

  《知识分子论丛》已入选南京大学"中文社会科学引文索引"(CSSCI)来源集刊。

中国文化论衡

集刊名称：中国文化论衡

创刊时间：2016 年

创刊主编：涂可国

现任主编：张伟（山东社会科学院）

当前主办单位：山东社会科学院

当前出版机构：社会科学文献出版社

出版总数：11 辑

出版周期：半年刊

投稿邮箱：zgwhlh2016@126.com

通信地址：山东省济南市历下区舜耕路 56 号山东社会科学院文化研究所《中国文化论衡》编辑部

《中国文化论衡》简介

《中国文化论衡》借用东汉伟大思想家王充《论衡》为之命名，集刊的基本宗旨确定为"合理厘定中国文化优劣得失，协力推进中国文化经世致用"，办刊方针确定为"致力于全球化时代中国文化的理性思考、中国文化的深入发掘和中国文化的实践关怀，以实现中国文化的自觉自主、自立自强"。《中国文化论衡》主要刊载与中国传统文化和当代文化相关的最新研究论文及其他文章，以研究和弘扬中华文化为使命，旨在倾力打造中国文化研究的高端学术品牌。在研究内容上，《中国文化论衡》力求最宽广的涵盖面，对中国传统文化和当代文化做较为全面系统的梳理，既立足中国博大精深的文化资源，也放眼世界，在中外比较中透视、反观中国文化。

《中国文化论衡》的常设栏目有：中国文学、中国哲学、中国传统文化、中国文化发展、社会儒学、文化中国、社会文化、地域文化研究、中国古代文化研究、中国当代文化研究、文献典籍研究、域外视野、学术动态、专家访谈、书评等。

中国学术

集刊名称：中国学术

创刊时间：2000 年

创刊主编：刘东

现任主编：刘东（清华大学）

当前主办单位：清华大学国学研究院

当前出版机构：商务印书馆

出版总数：42 辑

出版周期：半年刊

投稿邮箱：tsinghua.gxy@gmail.com

通信地址：北京市海淀区双清路 30 号清华大学老清华学堂 217 室《中国学术》编辑部

《中国学术》简介

《中国学术》旨在提升我国人文社会科学的研究水准，推展中文世界的学术成就，增强文化中国的凝聚力，促进中外学术的深度交流，使中文成为国际学术的工作语言，目前已经是中国文化研究领域具有国际声誉的一流权威刊物。

《中国学术》的常设栏目有：政治哲学、儒学研究、欧洲古典学、儒学与宗教、现代性研究、西方哲学、西方古代史、近代哲学和神学思辨、思想家研究、书评等。

《中国学术》已入选南京大学"中文社会科学引文索引"（CSSCI）来源集刊。

中外文化与文论

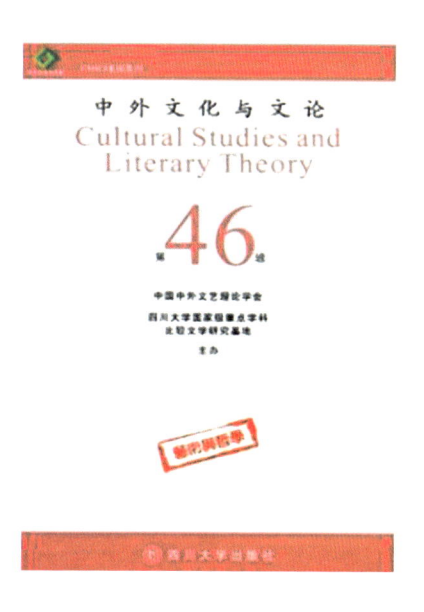

集刊名称：中外文化与文论

创刊时间：1996 年

创刊主编：钱中文

现任主编：曹顺庆（四川大学）

当前主办单位：中国中外文艺理论学会、四川大学比较文学研究基地

当前出版机构：四川大学出版社

出版总数：51 辑

出版周期：季刊

投稿邮箱：zwwhywl@163.com

通信地址：四川省成都市武侯区望江路 29 号四川大学比较文学研究基地

《中外文化与文论》简介

《中外文化与文论》旨在以中外文化及文论的沟通、交流以及建构中国文艺理论新体系，提倡具体语言研究与理论探索相结合，主要刊载中外文化和文艺理论研究的高水平论文，介绍国外相关学术领域的最新动向，追踪国内研究的前沿发展，以促进中外文化的交流。《中外文化与文论》鼓励广大中外文学研究者在中外文学、文论的基础上，结合文学创作实践，提出新的见解。

《中外文化与文论》的常设栏目有：中外文论研究、比较文学、学者世界、边缘批评、文论笔谈、思想史中的艺术理论、设计哲学、艺术研究的方法论、消费社会的艺术问题、新媒体艺术的哲学含蕴、文学与文论研究等。

《中外文化与文论》已入选南京大学"中文社会科学引文索引"（CSSCI）来源集刊。

中文论坛

集刊名称：中文论坛

创刊时间：2015 年

创刊主编：聂运伟

现任主编：聂运伟（湖北大学）

当前主办单位：湖北大学文学院

当前出版机构：社会科学文献出版社

出版总数：10 辑

出版周期：半年刊

投稿邮箱：zwlt_hubu2015@126.com

通信地址：湖北省武汉市武昌区友谊大道 368 号湖北大学《中文论坛》编辑部

《中文论坛》简介

《中文论坛》是涵盖中文学科各研究领域的学术刊物，旨在搭建一个新的学术平台，展示海内外学者最新的研究成果，借以倡导视野开放、独立研究的学风，立一家之言，撰传世之作，成为开展学科建设、展示学术成果、鼓励学术争鸣、深化学术交流、推动学术发展的平台。

《中文论坛》的常设栏目有：中国诗学研究、"五四"研究、出版与文化、语言学研究、语文教学研究、沙湖论坛、湖北文学研究、曹禺史料研究、市场逻辑和信息技术下的文学生产、信息技术与文学教育等。

中文学术前沿

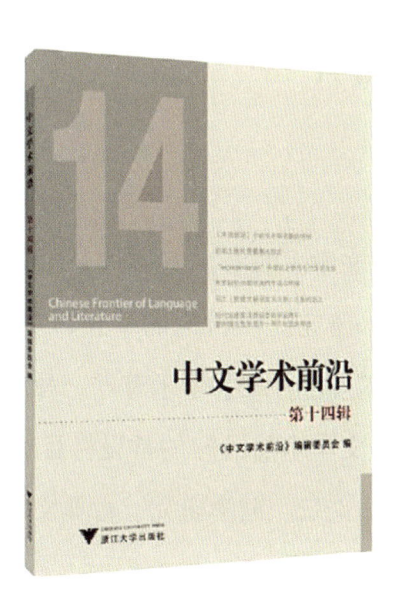

集刊名称：中文学术前沿

创刊时间：2010 年

创刊主编：吴秀明

现任主编：胡可先（浙江大学）

当前主办单位：浙江大学中文系

当前出版机构：浙江大学出版社

出版总数：17 辑

出版周期：半年刊

投稿邮箱：zdzwx@zju.edu.cn

通信地址：浙江省杭州市西湖区余杭塘路 866 号浙江大学《中文学术前沿》编辑部

《中文学术前沿》简介

  《中文学术前沿》坚持求是创新的精神，为中国语言文学领域的学术研究提供讨论的平台，尊重学术自由，提倡学术原创，遵守学术规范，维护学术尊严，杜绝空疏浮言，严禁抄袭剽窃。

  《中文学术前沿》的常设栏目有：域外视野、汉语言文字学、求是创作论坛、词学研究、古典文学研究、当代文学研究等。

刊名索引

刊名	学科分类	页码
阿来研究	中国文学	255
碑林论丛	考古学	73
北京大学中国古文献研究中心集刊	历史学	93
北京民俗论丛	民族学与文化学	323
北京文博文丛	考古学	75
边疆考古研究	考古学	77
长安学术	中国文学	259
潮学集刊	民族学与文化学	325
城市史研究	历史学	95
城市文化评论	综合人文	375
出土文献综合研究集刊	民族学与文化学	327
传统中国研究集刊	历史学	97
词学	中国文学	257
当代国外马克思主义评论	马克思主义研究	3
当代儒学	哲学	21
德国哲学	哲学	23
第二语言学习研究	语言学	197
东方丛刊	综合人文	377
东方语言学	语言学	199
动漫研究	艺术学	171
都市文化研究	综合人文	379

429

对外汉语研究	语言学	201
敦煌吐鲁番研究	考古学	79
翻译界	语言学	203
非物质文化遗产研究集刊	民族学与文化学	329
非遗传承研究	民族学与文化学	331
复旦汉学论丛	综合人文	381
复旦外国语言文学论丛	外国文学	151
古代文学理论研究	中国文学	261
古典文献研究	中国文学	263
古典学评论	历史学	99
桂学研究	综合人文	383
国际儒学论丛	哲学	25
国际文化管理	综合人文	385
国际中国文学研究丛刊	中国文学	265
国外马克思主义研究报告	马克思主义研究	5
国学论衡	综合人文	387
国学研究	综合人文	389
海岱考古	考古学	81
海岱学刊	民族学与文化学	333
海南历史文化	民族学与文化学	335
海洋史研究	历史学	101
汉日语言对比研究论丛	语言学	207
汉学研究	综合人文	391
汉语史学报	语言学	209
汉语史研究集刊	语言学	211
汉藏语学报	语言学	205
红色文化资源研究	马克思主义研究	7
宏德学刊	综合人文	393

华文文学评论	中国文学	267
华西边疆评论	民族学与文化学	337
华夏文化论坛	综合人文	395
华中学术	中国文学	269
话语研究论丛	语言学	213
黄河文明与可持续发展	民族学与文化学	339
徽学	民族学与文化学	341
基督教文化学刊	宗教学	59
基督教学术	宗教学	61
基督宗教研究	宗教学	63
暨南史学	历史学	103
甲骨文与殷商史	历史学	105
简帛	考古学	83
简帛研究	考古学	85
江南社会历史评论	历史学	107
节日研究	民族学与文化学	343
近代史学刊	历史学	109
近代中国	历史学	111
近现代国际关系史研究	历史学	113
经典与解释	哲学	27
经学文献研究集刊	历史学	115
考古学集刊	考古学	87
跨文化对话	外国文学	153
跨文化研究	外国文学	155
跨语言文化研究	语言学	215
老子学刊	哲学	29
乐府学	中国文学	271
历史语言学研究	语言学	217

励耘学刊	中国文学	273
励耘语言学刊	语言学	219
岭南学报	综合人文	397
马克思主义美学研究	哲学	31
马克思主义学刊	马克思主义研究	9
马克思主义哲学论丛	哲学	33
马克思主义哲学研究	哲学	35
马克思主义中国化	马克思主义研究	11
马克思主义宗教观研究	马克思主义研究	13
毛泽东研究报告	马克思主义研究	15
美术史与观念史	艺术学	173
美学与艺术评论	艺术学	175
民国研究	历史学	117
民俗典籍文字研究	语言学	221
民族史研究	民族学与文化学	345
明清文学与文献	中国文学	275
南大戏剧论丛	艺术学	177
南开语言学刊	语言学	223
欧洲语言文化研究	外国文学	157
普陀学刊	宗教学	65
秦汉研究	历史学	119
清华西方哲学研究	哲学	37
清史论丛	历史学	121
区域文化与文学研究集刊	中国文学	277
曲学	艺术学	179
人文论丛	综合人文	399
人文中国学报	综合人文	401
三峡文化研究	综合人文	403

厦大中文学报	中国文学	279
上海视觉	艺术学	181
社会批判理论纪事	马克思主义研究	17
圣经文学研究	外国文学	159
诗探索	中国文学	281
石窟寺研究	考古学	89
史学理论与史学史学刊	历史学	123
蜀学	民族学与文化学	347
思想与文化	综合人文	405
宋史研究论丛	历史学	125
隋唐辽宋金元史论丛	历史学	127
唐代文学研究	中国文学	283
唐史论丛	历史学	129
唐研究	历史学	131
外国美学	哲学	39
外国语文研究	外国文学	161
外国哲学	哲学	41
魏晋南北朝隋唐史资料	历史学	133
文化发展论丛	综合人文	407
文化研究	综合人文	409
文化与诗学	中国文学	285
文献语言学	语言学	225
文学理论前沿	外国文学	163
文学研究	中国文学	287
西北民族论丛	民族学与文化学	349
西南边疆民族研究	民族学与文化学	351
西夏学	民族学与文化学	353
西域历史语言研究集刊	语言学	227

西域文史	历史学	135
戏曲研究	艺术学	183
戏曲与俗文学研究	中国文学	289
现代传记研究	中国文学	291
现代中国文化与文学	中国文学	293
湘学研究	综合人文	411
新国学	中国文学	295
新诗评论	中国文学	297
新史学	历史学	137
新史学	历史学	139
新宋学	中国文学	299
形象史学	历史学	141
亚太跨学科翻译研究	语言学	229
扬州文化研究论丛	综合人文	413
医疗社会史研究	历史学	143
艺术史研究	艺术学	185
艺术学界	艺术学	187
英美文学研究论丛	外国文学	165
英语研究	语言学	231
语言规划学研究	语言学	233
语言历史论丛	语言学	235
语言学论丛	语言学	237
语言学研究	语言学	239
语言研究集刊	语言学	241
域外汉籍研究集刊	中国文学	301
元史及民族与边疆研究集刊	民族学与文化学	355
原道	综合人文	415
韵律语法研究	语言学	243

刊名索引

藏学学刊	民族学与文化学	357
哲学门	哲学	43
哲学评论	哲学	45
知识分子论丛	综合人文	417
中国ESP研究	语言学	245
中国边疆民族研究	民族学与文化学	359
中国边疆学	民族学与文化学	361
中国典籍与文化论丛	中国文学	303
中国佛学	宗教学	67
中国古代小说戏剧研究	中国文学	305
中国回族学	民族学与文化学	363
中国经济史评论	历史学	145
中国经学	哲学	47
中国美术研究	艺术学	189
中国美学研究	哲学	49
中国民族学	民族学与文化学	365
中国山地民族研究集刊	民族学与文化学	367
中国社会历史评论	历史学	147
中国诗歌研究	中国文学	307
中国诗歌研究动态	中国文学	309
中国诗学	中国文学	311
中国诗学研究	中国文学	313
中国俗文化研究	民族学与文化学	369
中国外语研究	语言学	247
中国文化论衡	综合人文	419
中国文学研究	中国文学	315
中国文字研究	语言学	249
中国西南文化研究	民族学与文化学	371

中国现代文学论丛	中国文学	317
中国现象学与哲学评论	哲学	51
中国学术	综合人文	421
中国语言文学研究	中国文学	319
中国语言战略	语言学	251
中华戏曲	艺术学	191
中华艺术论丛	艺术学	193
中外文化与文论	综合人文	423
中外文论	外国文学	167
中文论坛	综合人文	425
中文学术前沿	综合人文	427
朱子学研究	哲学	53
诸子学刊	哲学	55
宗教与美国社会	宗教学	69

图书在版编目（CIP）数据

中国人文学术集刊辑要/王文军主编.—北京：商务印书馆，2023
ISBN 978-7-100-20227-5

Ⅰ.①中… Ⅱ.①王… Ⅲ.①人文科学—中国—丛刊 Ⅳ.①C55

中国版本图书馆 CIP 数据核字（2021）第 169412 号

权利保留，侵权必究。

中国人文学术集刊辑要
王文军　主编

商　务　印　书　馆　出　版
（北京王府井大街36号　邮政编码100710）
商　务　印　书　馆　发　行
南京新洲印刷有限公司印刷
ISBN　978-7-100-20227-5

2023年7月第1版　　开本 889×1194 1/16
2023年7月第1次印刷　　印张 28½

定价：298.00元